Ⓢ新潮新書

上原善広
UEHARA Yoshihiro

被差別の食卓

123

新潮社

はじめに

幼い頃「あぶらかすと菜っ葉の煮物」が好きだった。母がよく作っていた料理だ。あぶらかすばかりを選《よ》って食べるものだから、「菜っ葉も食べや」とよく叱られたものだ。あぶらかすとは、牛の腸をカリカリに炒り揚げたものだ。ボロ雑巾で形作ったドーナツのようなそれは、真ん中に穴があいていて、内側には脂がこってりとついている。母はよくそれをぶつ切りにして余分な脂を削ぎ、菜っ葉と煮た。

祖父は独り身が長かったからか、あぶらかすを入れた即席ラーメンをよく作ってくれた。子供だったわたしは、母の煮物よりもこちらを好んだものだ。大雑把で濃い味付けだったが、子供はそうしたおやつのような味を好むから、こちらの方がおいしく感じられた。毎日食べていたわけではないが、こうしたあぶらかすを使った料理は、一週間のうち二、三日は出ていたように思う。

そんな「あぶらかす」が実は、一般的な食材でないと知ったのは、中学生くらいの頃だった。毎日のように自宅の冷蔵庫に入っていて今まで普通に食べていたものが、一般の人がまったく知らない食べ物だとわかったとき、とてもショックだったことを憶えている。

ただ、いつどこでそのことを知ったのかは思い出せない。あぶらかすが被差別部落でしか食べられていないということも、その頃に知ったのだと思う。今から思えば、大阪の中学校で盛んに行われていた同和教育の中で知ったのかもしれない。

高校生になってある日のこと、同級生が細いあぶらかすを教室に持ってきて、塩を振りかけてぼりぼり齧っているのを見た。わたしは「なんや、あぶらかすやん」と彼に声をかけた。そして「お前、なんでこんなもん知ってんねん」と言いかけて口をつぐんだ。彼も「むら」出身だったのかと、思い至ったからである。

私は一九七三年、大阪府南部にある更池《さらいけ》という被差別部落に生まれた。更池という地名は、中心部にあった溜め池がその地名の由来になっているのだが、現在、この地名は一般的には存在しない。正確には旧更池村の南方が被差別部落だったのだが、現在では住民や関係者の間でのみ、象徴的に「更池」と呼ばれている。

その更池では、たった五〇〇メートル四方ほどの自分たちの地区のことを、現在でも「むら」と呼んでいる。大阪の被差別部落では、自分たちの地域のことをたいてい「むら」と呼ぶのだが、その呼び名はまるで、一般地区から隔絶された被差別部落の歴史を物語っているかのようでもある。

わたしが生まれた更池という「むら」は、最盛時には住民の実に八割が食肉業にたずさわっていたといわれている。江戸時代から死牛馬の処理に関わっており、明治にはいってからは屠畜も行うようになった。わたしの父の仕事は、現在も食肉業である。わたしが幼い頃にはまだ大きな牛舎もあり、そこでは乳牛を飼い、酪農を営む家も存在していた。

そんなむらの中でいつのころからか、一般地区の人々が見向きもしなかった死牛馬の肉を食べやすいように、そして保存しやすいように工夫した食べ物が生まれた。あぶらかすは、そうした食べ物の一つである。そんな「むらの食べ物」は、道路一本隔てた他の地区においては、存在すら知られていなかった。しかし近くにある別の「むら」では、同じようにそれを盛んに食べていたのである。

かつては差別のため、むらと一般地区の人間との結婚は難しかった。各地のむらの者同士の間では頻繁に縁組がなされ、むらの食べ物は「むら」から「むら」へと伝えられた。そうして独自の食文化が育まれていったのである。

こうした「むらの食べ物」は、被差別の民の知恵と工夫の結晶である。最初に事実を知った時は、自分が普段から食べていた料理にそんな歴史があったのかと軽い衝撃を受けた。しかし成長するにしたがって、わたしはそのような環境に育ったことを、徐々に誇りに思うようになったのであった。

それから数年後、わたしは「ソウルフード」という言葉と出会った。アメリカでは、黒人（アフリカン・アメリカン）の食事は白人のそれとは違い、黒人独自の料理を「ソウルフード」と呼ぶのだという。

「むらの料理」とよく似ているなと、わたしは思った。被差別部落の料理も、アメリカ黒人の料理も、差別されてきた民独自のものという意味では同じである。そう考えれば、「あぶらかす」はいわば〝被差別部落のソウルフード〟ということになる。

事実、後になってわたしは「これが日本のソウルフードだ」という口上が店内に掲げられているモツ鍋屋が福岡にあることを知った。その口上の横には「解放の父」と呼ばれた福岡出身の活動家、松本治一郎の写真が額に入れられて並んでいた。

そして、もっと世界に目を向ければ、各国各地の被差別の民も、それぞれ同じような「ソウルフード」を持っているのではないか。わたしはそんな空想を膨らませていた。

もしそうしたものがあるとすれば、それらは差別されてきた民が作り上げてきた独自の食文化、いわば〝抵抗的食文化〟と呼べるのではないか、と思った。差別と貧困、迫害と団結の中で生まれた食文化。一般の民が食べずに捨てたり、見向きもしなかった食材を工夫して作った、被差別民たちの「抵抗的余り物料理」。

そんな世界の被差別の民に思いを馳せることは、わたしにとって何か心が浮き立つことであった。そしていつしか、そんな世界の「被差別の食卓」を実際に旅してみたいと、夢想するようになった。

本書はそうした、わたしの私的な体験と思いから始まった。

言うまでもなく、「被差別の食卓」には、それぞれの被差別民たちの血と汗と悔し涙が込められているといっても過言ではない。だから味も、ただ単純に「おいしい」で済まされるような生易しいものではない。何しろ一般の人々が見向きもしなかった食材を使っているのだから、それも当然のことだろう。

被差別の食卓は、「抵抗的余り物料理」という同じルーツをもっている。だからわたしにとってこの旅は、自らのアイデンティティをもう一度確認する作業でもあった。そして彼らの地を旅し、彼らの食卓につくことは、味覚というものを超越した〝魂の所業〟であるとさえ、わたしは思ったのであった。

取材は一九九七年、まず日本の被差別部落を旅することから出発した。日本の被差別部落の取材については、現在も細々とだが続けている。他の国々について年代順に記すと、ネパールに赴いたのが二〇〇一年で、これが「被差別の食卓」初の海外取材となった。ネパールは二〇〇三年にも再訪している。そして二〇〇四年には混迷を深めるイラク、そしてブルガリアへ。その年の秋にはブラジルとアメリカを取材し、わたしはこの旅をいったん終えることにしたのであった。本書はそんなわたしの、二十代の大半を費やした旅の記録でもある。

被差別の食卓——目次

はじめに　3

第一章　ソウルフード――アメリカ

第一章　ソウルフード――アメリカ

ハーレムの豚もつ煮

黒いニット帽をかぶった黒人の店員に「あと、チトリングスも頼むよ」と声を掛けると、彼はその大きな目と口をさらに大きく開けて叫んだ。

「え、あんたがチトリングス食べるの？　そうか、ブラックパワーが欲しいんだろ。チトリングス食べて白人どもをやっつけろ、オリャー、トオ！　どうだ、これがブラックパワーだぜっ！」

レジ打ちをしていたアジア系の青年は、それを聞いてくすくすと笑った。わたしも笑うしかなかった。訊くと、チトリングスを注文する客は黒人でもそう多くないし、ましてやわたしのような外国人で注文するのを見たのは初めてなのだという。

チトリングスとは、ハーレムでも見ることが少なくなった豚のもつ煮のことである。出てきたその「黒人の豚もつ煮」をさっそく食べてみる。内臓独特のクセがまだ少し残っていたが、思っていたよりもおいしい。クセをとるためか、酸っぱいサワー風味に仕上げてある。

わたしが入ったのは、「ソウルフード」という看板を掲げる食堂だった。いまも黒人層が圧倒的に多いニューヨークのハーレムには、こうしたソウルフード・レストランをいくつも見ることができる。メニュのほぼすべてがソウルフードと呼ばれる黒人料理である。

ヒップホップなどブラック・カルチャーが日本で人気を博して久しいこともあり、旅行会社のなかにはニューヨーク・ツアーにハーレム観光を取り入れるところもいまや珍しくない。そうしたハーレム・ツアーは大手旅行会社から個人までが行っている。そしてそんなツアーのほとんどに、ソウルフード・レストランでの食事が入っている。

これらソウルフードとは、アメリカ黒人（アフリカン・アメリカン）の食事のことを指す。ソウルフードがその名で知られるようになるのは、六〇年代におこった公民権運動全盛期の頃からだ。公民権運動とは、ごく単純化していえば黒人差別撤廃運動のことである。
そんな公民権運動が盛り上がりをみせ、「ブラック・イズ・ビューティフル」という言葉がアメリカでもてはやされていた頃、アメリカ黒人の独自性をアピールする意味で、自らの料理を彼らは「ソウルフード」と呼ぶようになった。同じような意味では、他にも「ソウル・ミュージック」などがある。これら「ソウル」はアメリカ黒人の文化的象徴として、やがて一つのジャンルを形作った。

「ソウルフード」の看板を掲げる食堂

　ソウルフードとは、まだアメリカが南北に分かれていた奴隷制時代、白人農場主の食べない食材を、黒人奴隷たちが工夫を重ねて作り上げた料理のことだ。それが今日、アメリカでソウルフードと呼ばれるようになった。

　またソウルフードは、黒人奴隷をルーツにもつ料理であると同時に、南部の田舎料理でもある。これは、黒人奴隷がおもに南部の大農園で働かされていたことからきている。白人家庭で日々の料理を作っていたのが黒人奴隷だったことから、南部の白人の間でも、ソウルフードと今日呼ばれる料理を「南部郷土料理」としてよく食べている。

例えば「グリッツ」とよばれるコーン粥はその代表だろう。これは元々、黒人奴隷が家畜の餌であったトウモロコシをつぶして粥にして食べたのが始まりだとされている。また先住民インディアンが黒人奴隷に伝えたという説もある。それがやがて白人の間にも広がり、現在では南部の代表的な朝食となっている。グリッツ、薄焼きトースト、スクランブルエッグが定番で、そこに好みでソーセージやベーコンなどを付ける。ニューヨーク・ハーレムのダイナー（食堂）で見た少年は、朝から付け合せにホワイティング（魚フライ）を注文していた。

グリッツはフライドチキンほど世界的には知られていないが、隠れた傑作といえる。やはりこうしたシンプルな料理は、初めて食べても違和感をさほど覚えない。

ソウルフードにはいったいどれだけの種類があるのだろうか。思いつくままに挙げてみよう。

フライドチキン、ポークチョップ、ＢＢＱポーク、キャットフィッシュ（なまず）、ハムホック（豚足）、チトリングス（豚のもつ煮）、ＯＸテールシチュー、ガンボ（オクラのスープ）、クロウフィッシュ（ザリガニ）、ホワイティング、カラードグリーン（菜っ葉の煮物）、コーンブレッド（トウモロコシのパンケーキ）、マカロニ＆チーズ（マカロニのチーズ焼き）、グリッツ（コーン粥）、スィートポテトパイ、ピーチコブラ、キャンディヤム、スイカ、オクラのフライ……。

人や地方によってはもっとあるだろうが、これらが代表的なソウルフードであることは確かだ。

フライドチキンの秘密

しかし、わたしがこれらソウルフードのカテゴリーの中でもっとも不審に思ったのが、フライドチキンである。

いわゆるアメリカ料理のなかで、日本人にもっとも馴染み深いのは、ハンバーガーとフライドチキンだろう。ハンバーガーもそうだが、フライドチキンはＫＦＣ（ケンタッキーフライドチキン）などのファーストフード店の展開で、いまや日本全国で食べることができる。アメリカでは国民的料理といえる。

ソウルフードのカテゴリーにフライドチキンが入っていることは、日本で調べているときに資料を読んで知っていたが、わたしにはどうも信じられなかった。だいたい焼いた鶏（ローストチキン）は白人の料理で、なぜそれを揚げたら黒人奴隷の料理になるのか。小麦がろくに食べられないから「グリッツ」を創作したというのに、ましてや鶏のももや胸肉などを当時の黒人奴隷が果たして食べることができたのか。そうした点がさっぱりわからなかったのである。

そのため、黒人男性と結婚してハーレムに住む日本人女性と話す機会があったとき、わたしは彼女に確認せずにはいられなかった。「フライドチキンも、ソウルフードになるんですか?」と。

すると彼女は、アメリカに取材に来てそんなことも知らないのかという風に、笑いながら答えた。

「フライドチキンは、もっとも代表的なソウルフードですよ!」

フライドチキンはやっぱり、ソウルフードなのだ。しかも「ソウルフードの代表」なのだという事実に正直、びっくりした。あぶらかすが被差別部落の食べ物と知ったときと同じくらいの衝撃だ。なにしろ十代のころから普通に食べていたフライドチキンが、いわば「あれは実は、黒人奴隷料理の代表なんですよ」と教えられたみたいなものだから、それも当然だろう。

わたしはさらに「どうしてフライドチキンがソウルフードになるのでしょうか」と訊ねたが、彼女もそこまでは知らないということだった。

どうしてフライドチキンが「黒人奴隷料理の代表」なのか。日本の被差別部落のあぶらかすは、そもそも食べにくい内臓を食べやすいようにカリカリに揚げたものだ。しかし鶏肉は煮ても焼いても特にクセもないし、比較的食べやすい食材でもある。

腹もちの良いフライ料理は肉体労働者の象徴なのだろうか、何か宗教的な意味合いがあったのだろうかと、その後もいろいろ考えてみたがさっぱりわからなかった。しかし、その答えは意外にも呆気ないものだった。

南部で知り合った黒人女性と雑談をしていたとき、何気なくわたしは「どうしてフライドチキンがソウルフードになるのか、ぜんぜんわからないんですよ」とつぶやくと、彼女は「あら、そんなこと簡単よ」と、自分の手をひらひらさせながらこう答えてくれた。

「ほら、鶏の手羽ってあるでしょ。フライドチキンが奴隷料理だったというのは、あの手羽先をディープ・フライしていたからなのよ。白人農場主の捨てた鶏の手羽先や足の先っぽ、首なんかを、黒人奴隷たちはディープ・フライにしたの。長い時間油で揚げると、骨まで柔らかくなって、そんな捨てるようなところでも、骨ごとおいしく食べられるようになる。焼くほど手間はかからないし、揚げた方が満腹感あるしね」

そうか。ももや胸肉は白人農場主が食べるために手に入らない。だから白人が食べずに捨てていた手羽、足先、首の部分を、骨も気にせずおいしく食べられるようにディープ・フライにして食べた。それがフライドチキンのルーツだったのだ。

「白人家庭の料理も黒人奴隷の賄い婦がしていたから、肉の部分も、自分たちがいつもしていたのと同じように、二〇分から三〇分ほどディープ・フライにして出したの。そしたら柔らかくておいしかった。それで白人の間にも広まり、それが今や南部の名物料理、ディープ・フライドチキンになったというわけ」

そういえばわたしは日本で、KFCのフライドチキンを骨ごと食べる人を知っている。これはKFCが圧力鍋を使っているのでより骨が柔らかくなっているという事情もあるが、どちらにしても、ディープ・フライにしてあるからこそ、そうしたことが可能なのだ。

そう考えれば「ホワイティング」と呼ばれる白身魚フライ。これもソウルフードとい

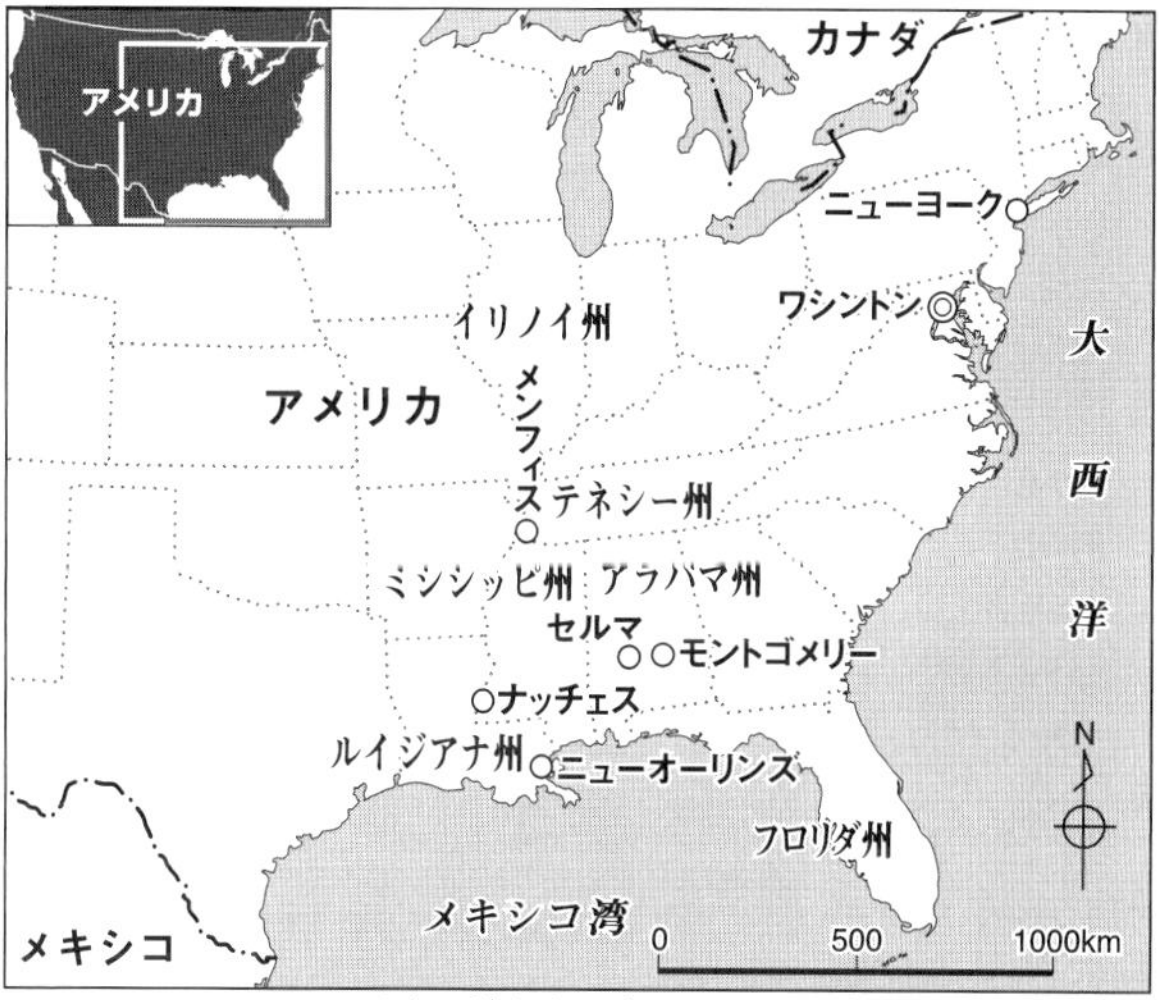

アメリカで訪れたソウルフードの地

われているのだが、アイルランド名物「フィッシュ・アンド・チップス」（衣をつけて揚げた白身魚とポテト）とどう違うのか疑問だった。しかしこれも、もともとは川魚などを小骨ごと食べられるよう、フライにしたものなのだ。日本で例えれば「魚の南蛮漬け」のようなものか。また当時の奴隷は肉体労働者がほとんどだから、腹持ちの良いフライ料理が好まれた。今でもなまずをフライにして食べることが多いのは、そのためだろう。

そこまでわかると、今度は菜っ葉をぐちゃぐちゃに煮ただけの料理「カラードグリーン」のルーツも見えてくる。白人が食べない青臭い菜っ葉を食べやすくするため、よく煮込んだのが始まりなのだ。

そう考えると、フライドチキンからはほとんどのソウルフードのルーツが見えてくるのではないか。わたしには、現地では当たり前のこの〝発見〟がとても嬉しかった。

フライドチキンは間違いなく「黒人奴隷料理の代表」なのだった。

なまずフライとBBQサンドの味

テネシー州メンフィスは、ニューヨークなどの北部から来た場合、南部への玄関口となる町でもある。わたしは南部名物なまず料理を食べようと、宿泊していたモーテルの黒人従業員に「キャットフィッシュの旨い店を教えてほしいのだけど」と尋ねてみた。ヒゲがあって、瞳が縦長な点が猫に似ているということで、アメリカでなまずは「キャットフィッシュ」と呼ばれている。

モーテルの従業員に紹介されたなまず料理の店は、「キャプテンD's.」という店だった。何の変哲もない、ファーストフード（FF）のチェーン店である。日本でよく見るKFCの看板が、ただ青色に変わっただけとしか見えない。そんな小奇麗な外観に、最初、わたしはてっきりモーテルの従業員に騙されたと思ったほどだ。FF店でなまず料理を出しているとは思っていなかったからである。
しかし、この店には確かに「キャットフィッシュ・コンボ」というセットがあった。

「キャットフィッシュ・コンボ」、これで700円ほど

このセットはナマズのフライに、ハッシュパピー（トウモロコシ生地に玉ねぎのみじん切りを混ぜて丸く揚げたもの）、それにポテトフライ、コールスロー、さらにサヤエンドウ煮が入っている。これで七〇〇円ほど。いわば「なまずのソウルフード・セット」と呼んで良いだろう。メニューにはその他に「ホワイティング」（魚フライ）も置いてある。

なまずフライの味だが、やはり素揚げにしただけでは泥臭い風味がするので、付属のタルタルソースやチリソースを大量に付けて食べる。このソースを大量に付ける食べ方は、アメリカ人に合っているようだ。反対にサヤエンドウ煮は青臭く、日本の田舎でお婆さんが作った質素な煮しめのような味がする。

日本人向けの味？「シーフード・ガンボ」

さらにシーフード・ガンボも注文した。このガンボとは、オクラに臓物や魚を入れて煮たとろみのあるスープのことで、「ガンボ」という名はアフリカ言語がルーツとなっている。

そのガンボの味だが、少しスパイシーでとろみがついている。そのために、どことなく中国料理店の賄い飯といった趣がある。独特のスパイスが効いているのだ。この店のガンボにはエビが入っていたが、ザリガニを入れるとより〝ソウル〟になる。そこにご飯を入れて食べるので、アメリカ料理というよりも、どこかアジアを思わせる味だ。中華丼に似てなくもない。ソウルフードは日本人向けの味といえるかもしれない。

客のほとんどは白人だが、それとは逆に五人ほど見える店員のすべてが黒人である。一人は白人に見えたのだが、よく見ると金髪に染めた、肌の色が薄い黒人であった。マ

ネージャーに話を訊くと、

「うちのチェーン店は南部に多いですが、全米に約六〇〇店舗あります。詳しくは知らないのですが、海外では韓国にも出店していると聞いています。従業員には白人もいますよ。そういえば今日は偶然、黒人ばかりですね」

南部で一般的になりつつある「なまず料理」

それにしても、なまず料理がFFとして売られているのを見て、なまずが南部で一般的になりつつあるのを実感させられた。ここ南部では、新しい産業として「なまず養殖」が定着しつつある。大きな川がいくつも流れ湿地も多い南部で、なまずは現在では一般的な食材として、白人層にも受け入れられている。

そんななまずも、奴隷制時代は黒人の食べ物であった。黒人奴隷たちは、川で獲ってきたなまずをフライにして食べていた。なまずは黒人奴隷などが食べていたこともあり、白人でも貧乏人が食べる魚として長く偏見をもって避けられてきた。しかし近年では、衰退した綿花産業に代わる一大産業としても、南部では認知されている。

だいたいソウルフードには揚げた料理が多い。これはフライドチキンのように、小骨が多くてもそのまま食べられるからだ。また揚げると、クセのある食材も食べやすくなるし、カロリーが高く腹持ちが良いため肉体労働者に好まれたのだ。

このメンフィスという町は、エルビス・プレスリーの名声によって世界的によく知られているが、同時にマーチン・ルーサー・キング牧師が暗殺された場所としても知られている。彼が暗殺されたモーテルは今でも保存されており、現在、その内部は公民権運動関係の博物館となっている。

メンフィスには、大きな黒人居住区が二つある。アメリカでは現在でも、白人と黒人の住み分けは明確にあるが、特に南部ではそれが顕著だ。

二つあるうち一方の黒人居住区には、ジャズバーやソウルフードのレストランが並んでいる。現地在住の日本人音楽家の紹介で何軒かに入ってみたが、非常に親切にされた。しかし反対に、紹介がないと、かなり冷たい対応をしてくる。こういう点が白人層とは違うなと感じた。ただ黒人の場合は、最初こそ冷ややかな印象を受けるものの、仲良くなると「ブラザー（兄弟）」と呼ばれるくらい、親密になる傾向がある。

もう一つの黒人区であるSパークウェイ通り周辺。ここは住宅街になっており、一見して低所得者層の住宅街だとわかる。木造のボロ屋の雑草が生い茂った庭に、洗濯物がずらりと干してある。

わたしはそこで、気軽に入れそうなソウルフード・レストランに入った。窓口で注文するFF方式だが、チェーン店ではない。

窓口で「BBQポーク・コンボ」を注文する。店員の女の子はアジア人が来たので、びっくりした顔をしている。セットで五ドルと安い。ほぐしてツナ状になった豚肉を甘いソースで和えて、ハンバーガーのようにパンではさんである。そこに煮豆とコールスローが付いてくる。

この南部風BBQポークも、ソウルフードの一つだ。肉をツナ状にほぐしてソースとからめてあるのは、恐らく骨の間などに残った肉などを集めて煮詰め、サンドイッチにしていた名残りだと考えてよい。この方法だと、スジ肉などもおいしく食べることができる。

物足りなかったので「フライドチキンのウィング（手羽）を二本だけって注文できる？」と店員の女の子に訊いた。彼女は、最初「え、そういうメニューがないの……」と困っていたのだが、後でこっそり「ハイ！　おまけよ」と持ってきてくれた。まだ少女の面影が残る、美しい黒人女性だ。

その様子を見ていた、隣で待っていた大柄な男が話しかけてきた。

「あんた、何注文したの？」

「バーベキュー・ポークだよ」

「それはいい、メンフィスはBBQポークが自慢だから、楽しんでくれよ」

確かにうまい。メンフィスの観光地ではガンボなどのソウルフードが有名なのだが、いずれも観光客向けに作ってある。ここでは彼の言うとおり、黒人区でBBQポークを食べるのが一番よい選択のようだ。

バーボンストリートのザリガニ料理

最初は、愛想の良い店員だと思った。

ルイジアナ州ニューオーリンズのあるストアに入った。テレフォンカードを買うため、キャッシャー前で並んでいたときのことだ。どの客にも「ハロー」と声をかける太った白人の店員がいた。わたしはアメリカ的だなあとそれを好ましく思った。わたしの番が回ってきたので、「ハロー」という言葉をもうのど元まで用意していた。

しかし、彼はわたしには何も言わず、一切を無視した。

そこでこちらから「ハロー」と言うが、無視。つり銭をもらうときに「この近くに電話はありますか」と訊くと「あ？」と聞き返し、次に「前の通りを渡ったところ！」と乱暴に言い放った。「ネクスト（次）！」と吐き出すように言って、わたしを完全に除外。次の客には、また元のように「ハロー」と声をかけている。もちろん道路の向かい側に電話はなかった。

これがうわさの「見えない差別」というやつか。しかしこのようなことは全米で日常茶飯事に行われているので、いちいち気にしていては何もできなくなる。

南部人（主に白人のことだが）の親切さは「サウザン・ホスピタリティ」と言われている。これは初めての人でも、南部ではとびきりの笑顔と親切で出迎えますよ、というものだ。確かに南部人やアメリカ白人には親切な人が多く、初対面でも家庭に招待されることもあるほどである。わたしにも経験がある。

しかしわたしには、この満面の笑みで迎えてくれるようなサウザン・ホスピタリティが気持ち悪くてしょうがなかった。日本のガイドブックにはこのようなサウザン・ホスピタリティを「我が家に帰ってきたような明るさ」と書いてあるのを見たことがあるが、とんでもないことだと思った。我が家であんな風に満面の笑みで家族に迎えられたら、何かあとで金でも貸してくれと頼まれるのではないかしらんと、むしろ構えてしまうことだろう。

わたしには、過剰なまでの笑顔で対応する「サウザン・ホスピタリティ」と、こうした「見えない差別」は表裏一体、同じところに根をおろしているような気がした。

その差別的なストアのすぐ裏には、有名な観光地バーボンストリートがある。ここの名物は、ガンボ、ザリガニ、なまず、それにポーボーイという南部風サンドウィッチ。ニューオーリンズでは、わざわざソウルフード・レストランを探さなくても、どこでもこれらの料理を食べることができる。どのレストランにもソウルフードが南部名物料理として出されている。ただ、それらの店のほとんどは観光客向けのものだ。黒人客はほとんど見かけない。

「ブードゥー博物館」があったので入ってみると、完全な観光客向けだった。オーナーが白人の、安っぽい博物館である。客もほとんどが白人だ。

ブードゥー教は、アフリカ的要素が混在する黒人奴隷の密教である。今は廃れてしまっていて、このような観光客向けの博物館でしか触れられない。後に触れるブラジル黒人奴隷の密教カンドンブレーと、成立過程がよく似ている。

またこのブードゥー博物館のあるフレンチクォーター地区は、もともと旧市街なので、黒人奴隷にまつわる歴史的建物がとても多い。中には、何人もの黒人奴隷をなぶり殺す事件が発生した館も残っている。そこは現在〝幽霊屋敷〟として観光案内書にも掲載されている。

せっかく入ったので、受付の黒人女性に「黒人が行く本物のソウルフード・レストランはあるか」と訊いた。

「ニューオーリンズにはあまりないのよ。みんな家庭で食べてるからね。ニューオーリンズのソウルフードで有名なのは、ガンボとザリガニ、それになまずフライね。この近くだと、モールの上にレストランがあるから行ってみたら」

紹介されたモールとは、屋内のショッピング街のことだ。いろいろな専門店が入っていて、アメリカではきわめて一般的なデパートといえる。このニューオーリンズのモールでは、階上が小さなレストラン街になっているというので行ってみたのだが、ただファーストフード店があるばかりだった。

しかし、そこにある「シーフード&サブズ・ポーボーイ」という店は、まさになまずのFF店「キャプテンD's.」をしのぐソウルフードのFF店であった。メニュのすべてがソウルフードなのである。

驚いたのは、豆の煮込みがあったことだ。ご飯もつけて「ライス&ビーンズ」として売っている。これに豚の内臓が入れば、まるきりブラジルの黒人奴隷料理フェジョアーダではないか。茶色でどろりとしているから、スープというには濃厚すぎる。味見させてもらったが、日本料理でたとえると「砂糖の入っていない善哉《ぜんざい》」に近いだろうか。

メニュの半分は各種のポーボーイで占められているが、他に「ザリガニの塩茹で」「ガンボ」「なまずフライ」がある。

ザリガニの塩茹でを注文してみる。ザリガニは英語で「クロウフィッシュ」と呼ばれている。旬は春から夏にかけてだが、わたしが訪れたのは秋だから、そう新鮮なものではないのだろう。白いプラスチック皿に真っ赤に茹で上がったザリガニが三〇匹ほどのっている。これで五ドルほど。安いのか高いのか判断が難しい。

レモンを搾って食べてみる。頭をもいでから殻を外すと、ぱさぱさしたエビのような身が出てくる。それをマヨネーズソースにつけて食べるのだ。

「ザリガニの塩茹で」泥臭い風味……

しかし口に入れた瞬間、泥くさい風味が鼻をついた。なまずやウナギと同じような風味だ。いずれも泥の中で生息しているのだから、同じような風味になるのは当たり前か。味は悪くないのだけど、これなら普通のエビの方がうまいと思った。

ただし、旬のザリガニは非常にうまいと聞いているから、やはり時期はずれでまずいのだろうか。しかしこの泥臭い風味は、新鮮であっても変わらないかもしれない。

三〇匹すべて食べたが、手にザリガニの臭いが染みついて気分が悪い。頭のミソがうまいと、あのブードゥー博物館の黒人のおばさんに聞いていた。確かに旨味はあるが、風味がよくない。マヨネーズソースで辛うじて消せるくらいか。これではフライドチキンのように世界的に広まるわけがないなと納得した。

また南部風サンドイッチとして「ポーボーイ」がある。これはフランスパンに、魚やなまずフライ、または牡蠣フライをはさんだものだ。ダイナミックでおいしいところは、アメリカらしい食べ物といえる。

わたしはこれを、ニューオーリンズの対岸にあるアルジェという町で食べた。ニューオーリンズからフェリーで一〇分ほどの距離にある。

かつてここは、黒人奴隷を〝輸入〟する際に〝荷揚げ〟場所として使われていたところで、今は低所得者層、つまり黒人居住区となっている。アルジェという地名もアフリカの地名が語源となっている。

街をまわってみる。数年前まではいくつものソウルフード・レストランがあったということだが、取材時、そのほとんどが閉店してしまっていた。店はいずれも廃屋と化している。また他の家もボロが目立ち、一見して貧しい家が多いことに気付く。

フェリー乗り場にあるダイナーで、シーフード・ガンボと、なまずフライのポーボーイを食べてみた。これは非常にうまい。ガンボにはザリガニが入っているが、これもうまい。ただ、ここは経営者、従業員とも白人だった。
ポーボーイの具材として一般的ななまずフライはソウルフードに入るので、このポーボーイもかつては黒人奴隷が食べていたものかもしれない。

南部風サンドイッチ「ポーボーイ」

ポーボーイは「プア・ボーイ」、つまり貧乏人というのがその語源だと言われている。これは安いサンドイッチという意味で、純粋なソウルフードではない。

それにしても、南部を代表する料理の多くが、黒人奴隷か貧乏人の食べ物というのも何か因縁めいた感じがする。この他にもクレオールやケイジャンなど白人系とされる料理はあるが、それよりも断然、これらの料理のほうが有名である。それはひとえに、安価でおいしいからであろう。ソウルフードと区別をつけるためか、クレオールやケイジャン料理の店は高級志向が強まっているように感じた。

その夜は、バーボンストリートを歩いた。軒を連ねるバーからは、賑やかなバンドの演奏が聴こえてくる。この通りにあるバーやレストランのメニュに載っている名物料理のほとんどは、黒人奴隷の料理だったソウルフードだ。そのことを観光客たちは、どこまで知っているのだろうか。

ポリティカリー・コレクトな〝差別〟

ミシシッピ州ナッチェスは、人口二万人ほどの小さな町だ。ミシシッピ川に面していて貿易にも便利だったためか、南北戦争時代の大富豪の邸宅が数多く残っている。それらの大邸宅跡は、現在では観光名所として、多くの旅行者を集めている。

そんな観光地で一種、独特な存在感をもつ店がある。「アフリカン・アメリカン・ストア」というその店は町外れの、かつて奴隷市場があった場所の近くに建っていた。主にアフリカ系の民芸品などを売っている。

こうしたアメリカ黒人（アフリカン・アメリカン）の店や資料館・博物館は、ナッチェス以外にも南部各地にできている。これは公民権運動や白人による差別を記憶に留めておかなければ、という黒人層の危機感からであろう。

ストアに勤めている黒人女性、シェリー・ウェートリーさんに話を聞いた。

「ナッチェスでは、黒人と白人の割合は半々くらいね。だけど便利な町の中心部では、住民の八〇パーセントは白人よ。学校も黒人と白人とは分かれているしね。

ここにある私立校なんて、白人生徒一一〇〇人に対して、黒人の生徒はたったの一〇人だけ。市役所で市政に関わっているのもほとんどが白人よ。確かに直接的な差別はなくなったけど、白人と黒人の格差は依然としてあるし、その溝も深いわね。このストアのある場所も、黒人とプアホワイト（貧乏白人）の居住区なのよ」

彼女は一一年前、北部にあるイリノイ州からナッチェスに来た。イリノイで離婚したあと、元夫の故郷がナッチェスだった関係で知人が多かったこともあり、新天地を求めて引っ越してきたのだ。初めはイリノイと違うことが多くて驚いたという。訛りも違うし、習慣も違うからだ。

「ここは差別もきついから、いくつか嫌な思いもしたわ。どんなことか、思い出したくもないくらい。アメリカの黒人の間では、ミシシッピとアラバマがとくに評判が悪いのよ、差別が強いって」

いずれも公民権運動で、白人側から激しい抵抗があった州である。映画「ミシシッピー・バーニング」で有名だからか、わたしにもそうしたイメージはあった。これはアメリカ国内でも同様なのだ。

「だからわたしもね、こっちにきて今は生活も落ち着いたから、イリノイの親戚に『遊びにいらっしゃいよ』って声をかけてるんだけど、『そんな恐ろしいところに行けないわ』って、今でもきてくれないのよ」

そう言ってウェートリーさんは笑った。

「黒人差別については、嫌な思いはたまにしかしなくなったけど、それで差別がなくなったと言うのはウソよ。だけど、まだあるとも言えないわね」

それは、例えばポリティカリー・コレクト（PC＝政治的公正）などによって、かえって差別が見えにくくなったということだろうか。PCとは、乱暴に言ってしまえば、盲目の人を「目の見えない人」と言い換えたりして、表現方法をソフトにする運動のことだ。しかし、これが事実を歪めていると、アメリカはもちろん日本でも問題になって久しい。

「そういえると思うわ。一見したら平穏に見えるかもしれないけど、それはわたしたち黒人がことを荒立てたくないと、そうした白人と黒人の〝溝〟に、暗黙の了解をしてしまっているのが原因かもしれない」

「ぼくもニューオーリンズのストアで白人店員に無視されて嫌な思いをしたんですけど、アメリカ国内の現代の差別はこうした、いわば〝PCな差別〟に転換してしまっているともいえるのではないですか」

「その通りよ。フィーリング、感じるというのは大切なことよ。あなたが嫌だと感じたときは、たいてい向こうはあなたのことが嫌いね。無視されたり、〝それ〟を感じたときは、やっぱり差別されたのよ」

いくら表現がソフトになったところで、また見えなくなったところで、それはあくまでも〝政治的な配慮がなされた公正（PC）〟にすぎない。それは本当の公正、平等ではない。

ウェートリーさんの話にあったように、こうした状況では逆に「ポリティカル・ディスクリミネイション」、つまり〝政治的な配慮を施した差別〟と言い換えることもできる事態になっているように思える。一言でいえば、はっきりと口に出さない「PCな差別」つまり〝陰湿な差別〟ということだ。こうした事態はいま、アメリカや日本だけでなく、世界中で起こっている。

KKK創設者の銅像が立つ町

アル・ホプキンスさんは、ここアラバマ州セルマで生まれた。七八歳だというが、恰幅が良くきらきらと光る褐色の肌は、健康そのものである。その話をすると「体はじょうぶなのが一番だからね」とにっこり笑った。

彼は町の観光博物館員として働いている。デスクには白人の老婆がつき、何かあると「アル！　アル！」と彼の名を呼ぶ。しかしお客さんが訪れると、その白人の老婆は極端な笑顔で、非常に親切な猫なで英語で迎える。アメリカ人はこれを「サウザン・ホスピタリティ」と呼ぶ。

ホプキンスさんの祖母は、アメリカ先住民（インディアン）のチェロキー族だ。彼はその祖母や仲間たちからウッドクラフトを習い、その職人としてセルマで生活してきた。

「それにしても、あのデスクのレディはちょっと偉そうですね」とわたしが話すと、彼は小声で「今も昔も、状況はあまり変わってないよ。見えなくなっただけさ」と肩をすくめた。つまり〝ポリティカリー・コレクトな差別〟というわけか。

白人の老婆の前では自重していた彼も、博物館の庭に出ると普通の声に戻って、熱心にセルマにおける人種差別の現状を話し始めた。

「差別はね、今はもう感じるだけだよ。目立ったことは起きない。しかし、私立学校には白人生徒が数百人いるのに、黒人生徒はほんの数人しかいない。こんな区別は歴然と残っているよ。

ここには列車が走っているけど、その線路をつくったときにやってきた中国人が、セルマには今もたくさん住んでいる。彼らも同じように感じてるんじゃないかな」

彼の作ったウッドクラフトも、博物館に展示されている。鷹やカエルなどの置物のほかに、アンティーク家具なども置いてある。いくつかの賞をとっているその腕は、見事なものだ。

「キング牧師にも会ったことがある。彼から〝フリーダム・マーチ〟に君も参加しないかって、誘われたんだよ」

ホプキンスさんは嬉しそうに話す。

〝フリーダム・マーチ〟とは、今から四〇年前の一九六五年に行われた公民権運動のひとつだ。それはここセルマから始まった。セルマからモントゴメリーまで、黒人の選挙

フォレスト将軍の銅像

権登録を求めたデモ行進が行われ、それは〝自由の行進〟と呼ばれたのである。しかしデモ隊は地元警官隊に弾圧され、事件は「血の日曜日」と名づけられ、雑誌「ライフ」の表紙を飾ることになった。

事件を知ったマーチン・ルーサー・キング牧師はセルマに駆けつけ、彼の主導のもとで二週間後、デモ行進が再結成されることになる。大統領令で連邦政府の指揮下に入った警官隊に警護された新しいデモ隊は、モントゴメリーまでの八〇キロを無事に歩き、デモ行進はキング牧師の演説で幕を閉じたのであった。

ホプキンスさんもこの行進に参加したのだったが、このことは白人との間では一種のタブーとして、今もセルマ住民たちの心の中に澱のように残っている。

当時、この行進に参加したという黒人女性は、現在のセルマの状況についてこう話す。

「当時、わたしたちと対立したKKKのメンバーや白人たちとは、今も町で顔を合わせてますからね。みんな沈黙を守ってるけど、状況はそう変わったわけではないんですよ。表面的に見えなくなっただけです。その証拠に、セルマで黒人市長がうまれたとき、白人たちは対抗して、町の共同墓地にKKKの創設者の一人だったフォレスト将軍の銅像を建てたりしました」

その銅像は、町の墓地に建てられている。墓地の管理室にいたのは黒人の青年だった。彼に場所を訊ねて行ってみると、墓地の中心に長い顎ひげをたくわえた軍服の男の胸像が立っていた。その下には、まだ真新しい花が添えられていた。墓地の管理をしている黒人青年によると、この銅像が建てられたのはほんの四、五年前のことだという。彼は「まったく時代錯誤だよ」と、うんざりした顔でつぶやいた。

本物のソウルフード

町を出る前に、セルマでもっとも有名なソウルフード・レストラン「ストロング」で昼食をとった。ホプキンスさんが勧めてくれたのだ。

店内のホワイトボードには、「今日のおすすめ」が書いてある。やはりなまずフライは必ずある。魚はあまり食べないと言われるアメリカ人だが、ここ南部では、なまずだけは盛んに食べられている。

わたしは「ポークフィートとカラードグリーン、マカロニ&チーズ。それとアイスティ」と注文した。

すると愛想の良いウェイトレスが「え、あなたがポークフィート食べるの？　大丈夫？」と心配してくれた。

「もちろん食べるよ。おいしいんでしょう？」

「そりゃあ、もちろんおいしいわよ。じゃあちょっと待っててね」

くすくす笑いながら彼女は厨房へと戻った。

ポークフィートとは、豚足を煮たものである。実は豚足はそう好きでもなかったが、沖縄の「足てびち」と同じようなものだろうと、一度食べてみたかったのだ。しかし黒人以外では注文しないので、ハーレムで臓物の煮込み、チトリングスを注文したときと同様に、驚かれてしまったのだ。

豚足を煮た「ポークフィート」

　またソウルフードは通常、食堂で食べるときはわたしが注文したように「主菜一品・副菜二品」が基本となる。この場合はポークフィートが主菜で、カラードグリーンとマカロニ&チーズが副菜である。

　ポークフィートが出てきた。沖縄の足てびちとは違って真っ白である。味はハーレムで食べたチトリングスと同じように、すっぱいサワー味がついている。内臓などは風味付けとしてサワー味にすることが多いようだ。食べやすいよう小さく切ってある。

　カラードグリーンは何度も食べているが、これはただ菜っ葉を煮ただけのものだ。しかしこれがまた、わたしの母のつくる「むら」の菜っ葉煮とほぼ同じ味なのだ。

ニューヨーク・ハーレムで有名なダイナー「パンパン」で初めてカラードグリーンを食べたとき、わたしはその味があまりに母の味にそっくりだったので、驚愕したものである。

同じ海外でも、アジアの片田舎でそうした味に巡り合うならまだ理解できるが、ニューヨークで、しかも黒人レストランでそのような味に出会うとは思わなかったので、これには本当に驚いた。

そんなカラードグリーンの味だが、薄味で濃緑色の菜っ葉特有の苦味がある。わたしは幼い頃、こうした料理が苦手でどうしても食べられなかったが、黒人の子供たちも同じような思いをして食べているのだろうか。今はもちろん大好きなのだが。

やはり「被差別の食卓」には、共通点がある。そう思うのは、こうした味に出会ったときだ。これから日本の被差別部落の菜っ葉煮を食べたくなったら、ニューヨーク・ハーレムかアメリカ南部に行けば良いのだ。

反対に、マカロニ＆チーズはいつ食べてもおいしいと思えなかった。茹でたマカロニにチーズを和えてオーブンで焼いただけのものだが、安っぽいチーズの味しかしない。わたしはチーズが好きなので、これにはなんだか残念な思いがした。

飲み物は甘いアイスティが好まれる。これは黒人だけでなく、南部の白人も同様だ。

ここは〝本物〟のソウルフード・レストランだと思ったわたしは、さらにフライドチキンのウィング（手羽）と、デザートにスィートポテトパイをたのんだ。チキンは少し時間がかかるわよ、とウェイトレスが言う。ディープ・フライにするので時間がかかるのだ。

ここを〝本物〟としたのは、ソウルフードとはいえ、あまりおいしくない店もあるからだ。わたしはここにくるまでの一ヶ月間、二〇以上の店で毎日ソウルフードばかり食べていたので、味についてはかなりわかるようになっていた。この後、日本に戻ってからFF店のフライドチキンを食べてみたが、あまりにまずいので驚いたほどである。アメリカに来る前、つい二ヶ月くらい前まではおいしいと思っていたのに。

デザートに注文したスィートポテトパイだが、わたしは甘いものが苦手なのであまり食がすすまなかった。スィートポテトというと日本人はサツマイモを思い浮かべるかもしれないが、アメリカではヤム芋のことを指す。

これは皮の内側がオレンジ色の芋で、独特な風味があり、これをパイにして甘ったるく仕上げてある。黒人が好んで食べるソウルフードの代表的なデザートだ。例えばハロ

本場で食べた「フライドチキン」

ウィンのとき、白人はパンプキンパイを食べるが、黒人はスィートポテトパイを食べる。

同じようなヤム芋のデザートにキャンディヤムというのがある。これは読んで字の如し、ヤム芋を潰して甘くしたものだ。何度か見かけたので味見してみたが、ただ甘くてヤム芋独特の風味しかしない。

最後にやってきたフライドチキンは、とても熱くてうまかった。こうした食堂で出すフライドチキンは、FF店のフライドチキンとはまったく違う代物である。FF店のそれに比べて、さっぱりとした素朴な味なのだ。どちらかというとアジアの唐揚げにも似ている。同じ揚げ物なのにと意外に思われるかもしれないが、非常にさっぱりしているのだ。

わたしは、よく南部人から「FF店のフライドチキンは油っこいが南部のそれはさっぱりしている」と言われていたのだが、当初はただの南部自慢だと意地悪く考えていた。

しかし実際に南部で食べてみると、これが同じフライドチキンだろうかと驚かされるくらい、あっさりしているのだ。良質の油で鶏肉を手間隙かけて揚げているからだろう。黒人の間では、手羽の部分が人気だ。これは白人と違って、伝統的にうまい部分を知っているからだろう。

ニューヨークから日本への帰国を前に、ハーレムの老舗で、名店といわれる「シルビアズ」へ出かけた。BBQポークとなまずフライを食べたが、南部の本場のソウルフードに慣れた舌には、「シルビアズ」の料理さえ、そうおいしいものとは感じなかった。贅沢なものだ。

しかし、ソウルフードの本質というのは、実はその味にはない。

「本当においしいソウルフードの店はどこ?」とアメリカ黒人（アフリカン・アメリカン）に問えば、ほぼ全ての人が「母の作ったソウルフードが一番」と答えるだろう。これは、ソウルフードというものが基本的には家庭料理のことを指すので、きわめて当然のことなのだ。だからソウルフードに関していえば、レストランでその味を云々することは、実はソウルフードのスピリッツ（精神）にとっては、何ら意味のないことなのだ。

わたしも「むら」の料理でいえば、母や祖父の作った家庭料理が最もうまかった。二人とも亡くなっている現在、故郷のむらの食堂に行くこともあるが、味はともかく、やはり自分で作る方が舌に馴染んでいる。ソウルフードというのは、まさに一般的な味覚ではかれない、おふくろの味なのだといえよう。

そう考えてみれば、いわゆるおふくろの味というのは、「究極の美食」といえるかもしれない。何しろ理屈や味覚を超越している、その人にしかわからない料理なのだから。しかし、そうはいってもソウルフードを「おふくろの味」に持たない日本人のわたしにとって、ソウルフードの魅力をその味で判断し語るのは致し方ないことである。

ハーレムの「シルビアズ」でわたしがもっともうまいと思ったのは、前菜として無料でサービスされるコーンブレッドだ。これはトウモロコシ風味のパンケーキのことで、小麦が手に入らなかった奴隷たちが、家畜の餌や肥料として使われていたトウモロコシの粉で作ったものだ。トウモロコシの風味が、甘いスポンジ生地にとても良く合っている。これはどこでもたいていおいしかったが、「シルビアズ」のそれが一番だと思った。

しかし、さすがにもう腹がいっぱいで食えない。テーブルには、バタをめいっぱい付けたコーンブレッドだけが残った。恥ずかしいので、それを誰にも見られないよう紙に包むと、わたしはそれをそっと、自分のカバンの中へしまったのだった。

第二章　奴隷たちの楽園――ブラジル

国民料理は奴隷料理

六九歳になるIさんは、二一のときに日本を出て以来、ブラジルに定住している。わたしはIさんに、自分がブラジルの料理を食べに来たことを説明した。とりわけフェジョアーダなど、黒人奴隷をルーツにもつ料理に興味があるのです、と。

「フェジョアーダは、なかなかうまいもんですよ。あれには思い出があってね。初めてブラジルに来たときのことですけど、日系人の人に連れて行ってもらって、屋台で初めてフェジョアーダを食べたんです。そしたらフェジョアーダには豚の耳や足、尻尾なんかがそのまま入ってるでしょう。わたしは怒っちゃってね、『なんだ、外人だと思って馬鹿にしやがって』と手をつけずに帰ってしまったんです。からかわれたと勘違いして

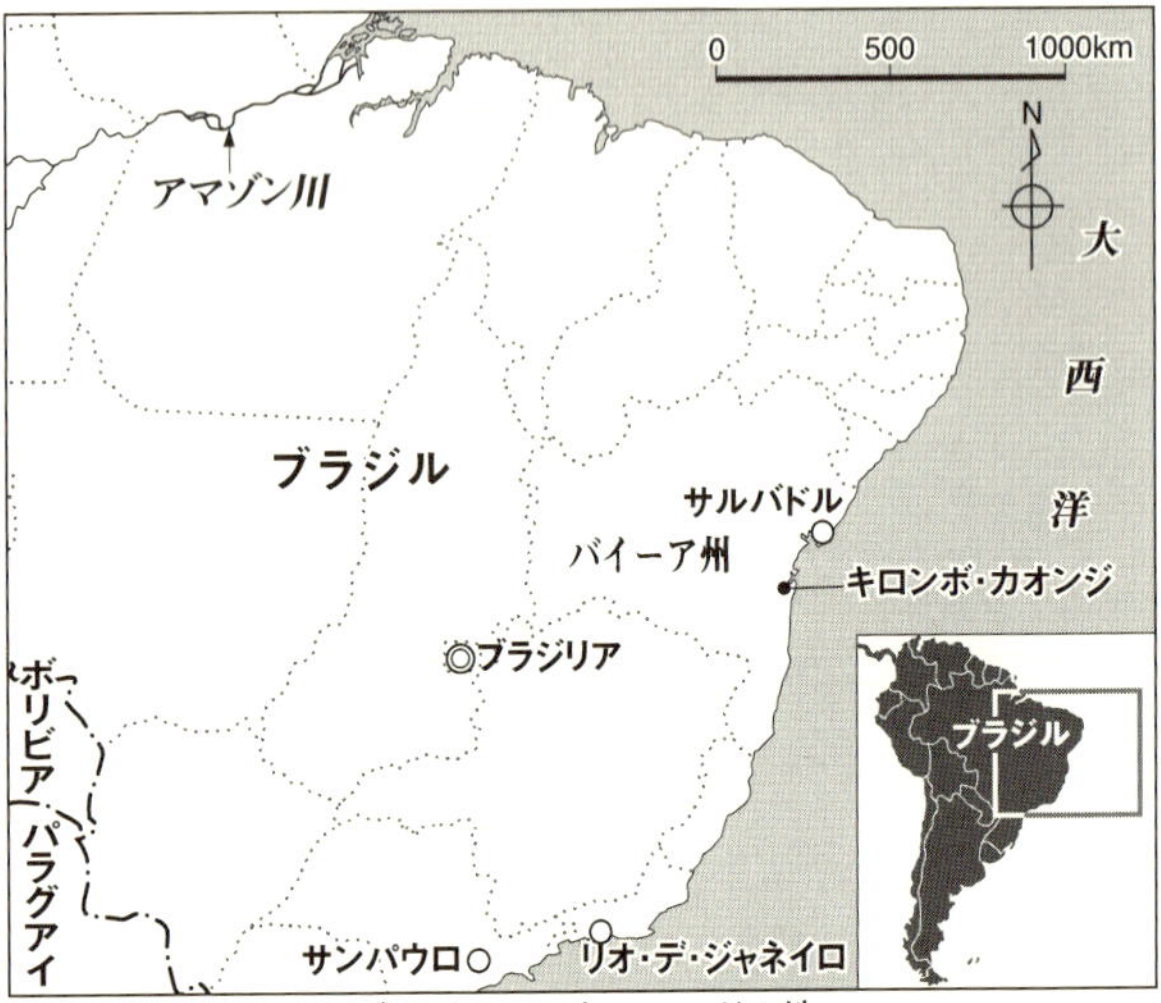

ブラジルのソウルフードの地

ね。いま思うと恥ずかしい話ですけど」

フェジョアーダとは豚の内臓、耳、鼻、足、尻尾などを豆と煮込んだ、ブラジルの国民的料理のことである。この料理が黒人奴隷の料理だったことは、ブラジル国内でもよく知られている。

多くの日本人が移民として渡ったブラジルは、そのために日本とも関係が深い。しかし初めての日本人移民が海を渡る二〇年前の一八八八年まで、そのブラジルには奴隷制が存在していた。

ブラジルのサルバドルにポルトガル国王直轄の総督府がおかれたのは、一五四九年のことだ。同じころアフリカの植民地から黒人奴隷の輸入が始まり、ブラジルの奴隷制はそれから二〇〇年にわたってつづくことになる。

奴隷たちは、白人の経営する農場で働いた。奴隷の女性の多くはアメリカのケースと同様、農場主の子供を産んだ。それがムラートと呼ばれる混血系のルーツである。

そんな奴隷制が廃止されてからちょうど二〇年後の一九〇八年、日本人の移民の歴史はその年に上陸した七九一人からはじまる。この日本人移民たちも実は、奴隷制廃止後の労働力確保のためとして、歓迎されていたに過ぎない。だからブラジルの奴隷政策と日本人移民は、まったく無関係というわけではない。

ブラジルの人口比率は、半数以上の約五五パーセントを白人が占めているといわれている。以下、混血ムラート三八、黒人六、アジア系一パーセント、そしてブラジル先住民のいわゆるインディオとつづく。

こうした一六世紀からはじまったポルトガル系白人の支配は、現体制でも続いている。しかし、ブラジル人に訊いても、その多くは「ブラジルには人種差別はないと思う」と答える。ブラジル移民のIさんもそう話す一人だ。

これには、白人と黒人の混血であるムラートの存在も大きい。ムラートは、相互人種間のクッションという存在でもある。こうなると、問題は非常に見えにくくなってしまう。なぜなら一般的には「もう差別はないよ」と言う人が、圧倒的多数にのぼるようになるからだ。実際は差別があっても、絶対的少数者の声となってしまい、表に出にくい。こうしたブラジルの本当の現状を知るには、やはり底辺におかれているアフロ・ブラジリアン（アフリカ系ブラジル人）に話を聞かなくてはならない。

わたしは、ブラジル国内でも黒人人口が多いことで有名な、バイーア州サルバドルへと向かうことにした。サルバドルは、かつてポルトガル総督府がおかれていたブラジルの古都である。アフリカ系ブラジル人が多く、そして黒人奴隷をルーツにもつバイーア料理で有名な町だ。

サンパウロからブラジル入りしたわたしは、日系人が経営する旅行社で、サルバドルまでの国内線の航空券を手配してもらった。するると、受付の日系人女性は、「サルバドルではどうか気をつけてくださいね。黒人が多くて治安が悪いですから」と言った。

ダダの笑顔

サルバドルが有名な観光地だということをわたしは知らなかった。黒人文化に興味のある、日本を含めた外国の若者たちから特に人気があるという。

確かに街を歩けば、大きなザックを背負った、日本をはじめとする各国の旅行者たちに出会うことが多い。熱帯性気候なので年中温暖、海辺では海水浴客を見ない日はないほどだ。

美しい港には、ヨットやみやげ物屋が並んでいた。その中心にある「メルカド・モデーロ」という名の、大きな倉庫のようなみやげ物屋に入る。メルカドは「市場」という意味である。

大きな倉庫のような「モデーロ市場」

モデーロ市場は二階まですべて、民芸品などを売る店がぎっしり入っている。また市場まえの広場では、見世物としてカポエイラの実演をしていた。これはほぼ毎日やっていて、多くの観光客を集めている。

カポエイラとは、黒人奴隷があみだした舞踏と格闘技を掛け合わしたような踊りのことだ。白人たちには踊っているように思わせておいて、実際は格闘技の練習をしていた、というのが本来のルーツだ。

現在のサルバドルでは、観光客向けのショーとして屋内外で盛んに行われている。日本にもいくつかのカポエイラ教室がある。

このモデーロ市場の地下に下りてみた。そこには、地下水がしみでたじめじめとした空間があるだけだった。がらんとしていて、ただ太い柱がいくつか建っている以外、何も置いていない。

この広い地下室はかつて、黒人奴隷が港に〝荷揚げ〟された際の保管所として使われていた。荷揚げされた黒人たちは、旧市街の中心にあるペロウリーニョ広場の奴隷市場で売られるまで、ここに収容されたのである。

サルバドルは一六世紀からの約二〇〇年間、ブラジルの首都がおかれていた。その関係で、世界遺産に指定されている古都としての街並みとともに、こうした奴隷関係の史跡も多く存在している。また、黒人音楽やカポエイラなど〝ブラジル黒人文化の聖地〟としても、多くの観光客を魅了してやまない。

そんなサルバドルで、もっとも有名なレストランがある。「ダダの笑顔」という名のレストランで、歴史的な建造物が建ち並ぶ、旧市街地区の一角にある。
このレストランのメニュのほとんどはバイーア州の料理、つまり黒人のソウルフードである。

デンデ油が大量に入った「ムケカ」

バイーア料理の特徴は、ココナッツ・ミルクと、デンデ油にある。デンデ油とは、パームヤシから取った油のことで、独特な風味がある。奴隷たちの故郷アフリカで食されていたこともあり、バイーア料理ではどれにもたいてい使われている。

貧しかった黒人奴隷はこのデンデ油で、トカゲやアルマジロなど、さまざまな野生動物を調理して食べていた。それが今日のバイーア料理の基礎となっている。

「ダダの笑顔」は、ダダという黒人女性がオーナーだ。その存在はニューヨーク・ハーレムの有名なソウルフード・レストラン「シルビアアズ」とよく似ている。どちらも女性店主が切り盛りしており、壁には有名人客の写真が飾られていて、黒人奴隷の料理をルーツにもつメニュが豊富だ。そしていずれもうまい。

ダダの店で有名なのは、ムケカとボボである。いずれも海産物とデンデ油が大量に入った、スパイシーなスープのことだ。ボボには山芋をすりおろしたものが入っている。エビやタコなどの具材を選べるのだが、日本人であるわたしには、エビがもっともよく合った。

このスープとともに、付け合せとしてご飯とマンジョカ芋の粉を合わせて食べる。このマンジョカ芋の粉は、黒人奴隷が先住民インディオと交流した際に取り入れたとされている。

ムケカは海産物を入れるので、よく「ブラジルのブイヤベース」と評されるが、その濃厚な味と食べ方から、どちらかというと「ブラジルのカレー」といったほうがちかいと思う。

味の方だが、濃厚で非常にうまみがある。サルバドル滞在中、わたしはよくこの店に通った。しかしデンデ油が強烈で、わたしはこのムケカを食べるといつも決まってお腹をくだした。しかしうまいので、治るとまた食べにいき、そしてまた懲りずにお腹をこわすのであった。粉末にしたマンジョカ芋との相性が非常に良く、芋の類が苦手なわたしだったが、いつもすべて平らげていた。

豚の耳、足などを煮込んだ「フェジョアーダ」

「オクラ」はアフリカ言語

ブラジル料理といえば、一般的にはシュラスコ（肉の串焼き）やフェジョアーダが有名だ。その中でもフェジョアーダが黒人奴隷をルーツにしたブラジリアン・ソウルフードの代表であることは確かだが、ブラジリアン・ソウルフードには、他にどんなものがあるのかみてみたい。

「ダダ」でだされるムケカもその一つだが、黒人奴隷の料理というには、新鮮な海産物が入っていてずいぶん〝垢抜けた〟料理になっている。他にポルトガルの影響を受けたものとしてバタパ（魚や鶏をデンデ油などで煮込んだもの）、シンシン（鶏のシチュー）がある。また先住民インディオの影響を受けたものにカルル（オクラの入ったごった煮）という料理もある。

アメリカと同様に、オクラを使ったブラジル料理のほとんどは、黒人料理といって良いだろう。だからバイーア州の家庭料理には、オクラを使ったものが多い。日本語でも英語でも「オクラ」と呼ばれるこの野菜だが、その名称のルーツはアフリカ言語である。奴隷とともに北米大陸に渡り、そして世界に広がっていったのである。オクラ料理のほとんどが黒人料理なのもアメリカと同じだ。

こうした黒人料理で見逃せないのが、先に紹介したカルルのように、先住民インディオの影響が感じられることだ。被差別民が互いに助け合った結果、今日その交流の痕跡が料理に表れているのである。

そして伝統的な黒人料理としてもっとも有名なものに、アカラジェがある。これは豆をすりつぶしたものに、デンデ油やエビなどいろいろな具材を混ぜて油で揚げた〝揚げパン〟のようなもので、サルバドルでは真っ白なバイーア衣装をきた黒人女性が、路上で売っているところをよく見かける。

味は、かりっとしたエビ入り揚げパンという感じで、少し油っぽいがおいしい。これは一見《いちげん》の旅行者にも好きな人が少なくない。サルバドルでは路上の露店で気軽に一〇〇円ほどで買えるので、ちょっとしたおやつ代わりに食べる機会が多い。

もともとこのアカラジェは、ブラジルの黒人宗教カンドンブレーにおいて、神に捧げる供え物がそのルーツだったとされている。カンドンブレーとはアメリカのブードゥーとよく似た、黒人奴隷たちがつくった密教である。バイーアの黒人たちの間では、今でも盛んに信仰されている。アカラジェはその密教の供え物だったのだ。

町で聞いた話では、近年このアカラジェについて、白人やムラートたちが「キリスト教の尼僧が作ったのが始まり」と宣伝しているというので黒人たちは怒っている、ということであった。

黒人奴隷の収容所

サルバドルでは、冒頭で紹介したＩさんの息子、ヒデキくんに通訳と案内をお願いし

材料となる「塩漬けの豚足」

た。I夫人はブラジル人だから、ヒデキくんは日本人との混血になる。二九歳、七年ほど愛知県の工場で働いていた経験をもつ。

　彼の案内で、サルバドルの市場に出かけてみた。

　サルバドルも近代化の波が押し寄せており、大規模なショッピングモールが次々にできている。しかしわたしたちが行ったのは、きわめて庶民的な市場だ。屋根だけのそんな市場に入ると、野菜や果物のほかに、豚の足や内臓が置いてあった。

「白いのは塩漬けの豚足ね。黒っぽいのは味付けしてある豚足。他に豚の耳とかいっぱいあるね。これ全部、フェジョアーダの材料になるよ」

市場の外にある食堂で、フェジョアーダを食べてみる。注文して出てきたフェジョアーダは、土鍋に入っていた。ご飯とマンジョカ芋の粉がつく。

味は、わたしがもともと豆料理を苦手としていることもあってか、あまりおいしいとは思えなかった。豆と豚のゼラチン質のためにとろりとしている。日系人に訊くと、たいていの人は「おいしい」と言うが、若者は食べなくなっていると聞く。

この後、サンパウロでもっとも有名なフェジョアーダ専門店「ボリーニャ」でも食べてみた。ここでは肉に混じって豚の尻尾や耳もちゃんと入っていたが、とろとろしたスープも含めて、全部食べることができた。しかし非常に濃厚な味なので、一週間に何度も食べられるというものでもない。それに「ボリーニャ」のフェジョアーダは洗練されすぎていて、ブラジル庶民の味でない。

ヒデキくんにフェジョアーダのことを訊ねた。

「ぼく？　ぼくはフェジョアーダ大好きだよ。この市場のもいいけど、やっぱりお母さんが作ったのが一番好きよ。だけど、ぼくの嫁さんは嫌いね。太るからって食べないよ」

ブラジルもダイエット志向ということか。

「ボリーニャ」のフェジョアーダ

「フェジョアーダは日曜によく食べるよ。日曜は休みで何もしないから、土曜につくって日曜に食べる。一晩おいたほうがおいしいし、煮込まなくちゃいけないから土曜日に作るんだ」
それからしばらくして、わたしはサルバドルに「センザーラ」という黒人居住区があるということを、ブラジルのNGO関係者から聞いた。
そのセンザーラというのは昔、農場で働かされていた黒人奴隷たちが入れられていた収容所的な場所だったが、今でもそこには大勢の黒人たちが住んでおり、学校をはじめ独自のコミュニティーをつくっているという。わたしたちはそこを訪ねてみることにした。
センザーラは、町の中心から車で二〇分ほどのところにあった。一見したところはただの住宅地なのだが、ボロ家が非常に多い。「ここはサルバドルでも、かなり貧乏な人が多い場所だねえ」とヒデキくんがつぶやく。くねくねと曲がりくねった路地を進む。バラックの密集地帯が広がっている。

やがて車は、黒、赤、黄色と原色を使ったアフリカの文様の描かれた、体育館のような大きな建物の前で止まった。その建物から、プロレスラーのような一人の大柄な青年が迎えに出てきた。彼、マリオ・パンは二七歳、ここの青年部のリーダーだ。

建物の中は広い体育館のようになっており、学校の施設もはいっている。黒人だけの学校で、パソコンも整備されている。運営費は各国の企業からの募金で賄っている、立派なNGO組織だ。組織名はイレ・アイレ、「世界の黒人の家」という意味だという。

「ここができたきっかけは、サルバドルのフェスタ（お祭り）のパレード行進に黒人が参加できなかったので、それだったら我々だけでパレードをしようじゃないかと集まったのが始まりです。今から三〇年くらい前のことです」

ここはかつて「バホプレート」と呼ばれていた。黒い土、という意味だ。ここでの現状は、黒人奴隷の居住地バホプレートの時代とほとんど変わっていないと、マリオくんは話す。

「サルバドルの刑務所に入っているのは九割が黒人です。街の郊外のスラムに住んでいるのも黒人ばかり。ここは犯罪率も高いので、他から移り住む人は皆無です。ここに来ても下水道がないし、この建物ができるまでは学校もないくらいでした」

わたしは差別の現状について訊ねた。

「現在では、白人たちから直接的な差別はほとんどありません。しかし新聞には黒人の犯罪ばかりが報道されてます。教育や環境など、根本的な解決策を、ブラジル政府は怠っているのです。反対に、テレビに出てくる子供たちはみな白人です。わたしも幼い頃、テレビに出たいけど肌が白くなかったので、とても悔しい思いをしたことがあります。今でも肌が白くないと、テレビに出ることは難しいです」

マリオくんの職業はミュージシャンということであった。今でもサルバドルの黒人が手っ取り早くお金を稼ぐには、もっとも良い仕事であるということだった。

「白人に憧れる子どもは多いです。なにしろ会社の重役から政府の役人、モデルなどの職業はほとんど白人ですから、その影響はすごい」

現在はここに学校をつくって学んでいるので、子供たちの就学率は高い。しかし特に五十代以上の大人のほとんどは学校に行けなかったので、読み書きができないという。

「ブラジルでは小学校から私立と公立に分かれるのですが、私立はほとんど白人で占められています。反対に公立はひどい状況です。教員の給料や待遇が悪いためにストも頻繁におきますし。それでここに学校をつくったのです。しかし、それから上への進学率は大変低いです。大学は公立の方が環境も良いのですが、黒人で大学に進学できる人はほとんどいません。だいたい大学に進学する前のステップで道は閉ざされているのです」

ここイレ・アイレの学校で学べるのはだいたい一三歳くらいまで。しかしその年齢になる前にほとんどの子が仕事に出てしまい、学校へは来なくなるそうだ。

イレ・アイレ代表のアントニオ・カルロス・ボボ（五二）もこう話す。

「ここにイレ・アイレができるまでは、カンドンブレー（黒人密教）だけが住民たちの支えでした。それに黒人であることを恥ずかしがる人も多かったのですが、現在では多くの人が誇りをもつようになりました。わたしたちは白人と共存していくのが目的です。同じ平等な立場で生活したいだけなのです」

わたしはマリオくんに、フェジョアーダについて訊いてみた。

「ええ、好きですよ。そうですね、たいてい日曜に食べます」

わたしたちが話していると、ボボさんが笑いながら言った。

「でもねえ、現在ではフェジョアーダも高級な食べ物になったので、ここの住民たちは週に一回もフェジョアーダを食べることができないんですよ」

それは、日本の被差別部落の食べ物である「あぶらかす」や「さいぼし」が高価になった現状とよく似ているといえる。

フェジョアーダはもともと誰も食べなかった食材を使ったものだから、タダ同然で食べることができた。それが国民的料理となった現在では、一頭の豚から取れる耳、鼻、足の数は一定で、その量も肉に比べて少ないので、逆に高価になってしまう。そんな逆転現象が起こっているのだ。

また、わたしはマリオくんから興味深い話を聞いた。この近くに〝黒人奴隷たちの楽園〟と呼ばれている集落があるというのだ。

「昔のセンザーラは、黒人奴隷の強制収容所だったわけです。しかしその〝キロンボ〟と呼ばれる集落は、農場から逃げた黒人奴隷たちがつくった、いわば〝楽園〟なんですよ。今もブラジル各地に残っています。この近くにもありますよ」

現代にまだそんな伝説の村が残っているなんて、とわたしは信じられない気持ちだった。半信半疑のわたしのためにマリオくんは、その逃亡奴隷の楽園だという〝キロンボ〟の代表に連絡をつけてくれることになった。

彼は最後に、握手しながら言った。

「でもね、我々にとってはこのイレ・アイレが、現代の〝キロンボ〟、楽園みたいなものなんですよ」

逃亡者たちの楽園

サルバドルの市街地を出ると、周囲には牧場のほかは、ジャングルしか目に入らなくなった。

逃亡奴隷たちがつくったキロンボはブラジル国内にいくつかあるが、サルバドルから近いところでは、二〇〇キロほど離れた場所にあるという。

途中で何度か道を尋ねたのち、わたしたちはついに舗装の切れたダート道に出た。ゴトゴトと揺られながら先を急ぐ。

「ウエハラさん、あれ見て」

ヒデキくんが突然、叫んだ。はっとして彼の指差すほうを見ると、道路の中央分離帯に真っ赤な布がしかれ、その上に花びらや線香に彩られた、鶏の丸焼きが置いてある。

道路に置かれたカンドンブレーのお供え

何かのお供え物のようだ。

「なんだろう、ここで事故でもあったのかな」

「違うよ、ウエハラさん。これはカンドンブレーのお祈りだよ。たぶん、ここで交通安全のお祈りをしたんだと思うよ」

さらにしばらく行くと、道端に木の枝などで作った粗末な小屋がいくつも出てきた。土壁の家もある。

「これ、みーんな黒人の家よ」

とヒデキくん。見ていると、ほとんど原形を留めていないほどに千切れたTシャツを着た子供が、小屋から飛び出してきた。道路沿いに小屋が並んでいるのは、給水車から水をもらうためのようだ。道路際にドラム缶や、プラスチック製の巨大な桶が置いてある。水道が通っていないのだ。

「あそこに見える大きな家あるでしょ。あれが白人のボスの家よ。みんなあのボスの農場で仕事してるんだよ」

黒人小屋の背後、芝生のようにきれいに整地された丘の上に、大邸宅が建っているのが見えた。それが、白人農場主の家だった。邸宅の前には、大きなトヨタの四輪駆動車が停まっているのが見える。

ヒデキくんによると、ブラジルでは今でも、田舎に行くと、こうした昔の奴隷制時代のような光景が当たり前なのだという。

ダート道を三〇分ほど走っただろうか。左右には、のどかな農場の風景が続く。しばらくすると、何人かが、わたしたちを出迎えに道路まで出てきてくれていた。

待ってくれていたのはキロンボのリーダー、アナニアス・ネリ・ビアナ、四二歳。長身でほっそりした男前だ。握手して互いに自己紹介する。このまま車でキロンボの集落の入り口まで行き、そこからは歩いて村へ入るのだという。

他には、ジュジーチ・ナシメント・サントスという六〇歳の女性と、その息子がきていた。このジュジーチさんが、キロンボの生活などを話してくれるという。わたしとヒデキくん以外はみな裸足だ。

ジュジーチさんの家は、木造といえばそうだが「枝などで作った家」と書いた方がしっくりする粗末なものだ。屋根にはトタンを敷いてあるだけ。手作りの瓦のようなものを敷いてある家もあるというが、いずれも〝枝造り〟か、土壁の家ばかりだ。

ジュジーチさんに話を聞いた。

「言い伝えでは、今から三〇〇年ほど前に逃げてきた奴隷たちが、このキロンボをつくったと聞いています。アフリカから連れてこられ、あのサルバドルの港の収容所に〝荷揚げ〟された夜、どうやって逃げるかを相談して、数日後に逃げ出してここに来たそうです」

このキロンボは「カオンジ」という名で呼ばれていて、今はここに八〇人ほどが生活している。生活はブラジル名物のカランケージョといわれる泥ガニ、そして海辺で牡蠣などの貝類や魚をとり、陸ではデンデ油を搾って売っているという。

近くに海岸があるのだが、ここにキロンボをつくったのも、海岸が近いと飢えないからだ。キロンボからは海岸線が見渡せるが、複雑な入り江のおかげで天然の要塞のようになって、海上からは見つかりにくくなっている。

現在もまだ、電気、水道ともに通っていないので、車用のバッテリーを買ってきて電灯をつけている。炊事は買ってきたプロパンガスか、焚き火でする。ただしガスは高いので滅多に使わない。

住民たちは、基本的にはブラジルの公用語であるポルトガル語を話す。しかし今でも、道具などの名称にアフリカ言語が残っているという。例えば魚の罠を「ムズワ」というが、これはアフリカ語である。ここにいる住民はみな、アフリカのカレンバという場所から連れてこられたバンツー系のアフリカ人だそうだ。何か困っていることはないかと、ジュジーチさんに訊ねてみた。

泥ガニ「カランケージョ」

「食べ物には困らないんですけど、病院のある町がここから五〇キロ先なので、病気になっても遠すぎて行けない。だから病院がもう少し近くにあると助かるのですけど。ご覧のように道も悪いので、病人がでたときはみんなで担いで舗装道路まで出て、そこから車に乗せてもらわなければならないのです」

「その三〇〇年前から、ここに住んでいたのですか」

「いえ、ここよりもう少し奥のところだったと聞いています。まだその頃はこの辺りにもインディオが住んでいたので、最初は彼らの村に匿《かくま》ってもらっていたそうです」

聞けば、ジュジーチさん一家は子供が一二人もいるのだという。わたしが驚いていると、このキロンボでは、最高で二二人の子供をつくった人もいると笑った。

「最近はここにも小学校ができたので、下の子供二人が通ってますが、それまではほとんど学校に行けませんでした」

その学校というのは、リーダーのアナニアスさんがつくった。町の学校に行っても苛められるし、ろくなことがないので通い続ける者はなく、キロンボに学校ができるまでは住民のほとんどが読み書きできなかった。ジュジーチさんも、文字の読み書きができない。そして現在読み書きのできる三割の内、そのほとんどは子供だ。

字が読めないと、町へ出たときは不便じゃないかと訊ねた。

「慣れているから。町へは時々、貝や魚を売りに行って、そこでもらったお金はほとんど全て買い物に使って帰ってきます。子供は苛められるのが嫌なので、町へ出たがりません」

ジュジーチさん一家だけでなく、集まってきた村人たちのほとんどがアフリカ系の顔つきだ。肌が真っ黒で、鼻が低いという特徴があるため、町に出ても一目でキロンボの黒人だとわかってしまう。そのため、もっとも弱者である子供がひどく苛められるのだ。

結婚も、同じキロンボ内や近くにある他のキロンボの住民同士でする。この周辺には他にも一一のキロンボがあり、人口は不明だが全部で二五家族が住んでいる。どのキロンボとも、それぞれに血のつながりがあるのだそうだ。

日本の被差別部落でも、差別から部落同士の結婚が以前までは当たり前だったが、それと同じ状況なのだ。

まれに町の人と結婚して出て行く者もいるが、このキロンボで結婚して暮らす若者も多い。なぜなら、町へ出てもろくな仕事がないからだ。だいたいが掃除夫や、白人別荘の管理人として、低賃金での労働を余儀なくされる。

ヒデキくんに「掃除夫とか管理人の仕事はやっぱり黒人の力が多いの？」と訊いた。

「黒人しかいないよ。もし白人がやったら？　そうねえ、すごく珍しいから『何かわけがあるんじゃないかな』って、みんなが注目するだろうね」

そうした状況では、町に出て白人に苛められる最下層の生活よりも、まだキロンボの

キロンボの村人たち

誇りある生活の方が良いと、ここに残る若者の気持ちもわからないでもない。

　そのため日本の過疎とは正反対に、ここでは年寄りよりも若者が多い。もともと多産だったのが近代にはいって死産が少なくなり、それで若者が増えたということのようだ。

　それにしても、道が悪い。泥がネチャネチャと靴にへばりつく。元来、人が住まない湿地帯なので、雨が降るとひどいときには膝まで泥に埋もれてしまう。だからみな裸足、短パンで歩いている。確かに靴を履いても汚れるだけで、あまり意味はない。

「わたしたちは、町の人を『靴を履いてる人』と呼んで区別してます」

　とアナニアスさんが笑いながら言った。たまに物見遊山で町の人間が来るときがあるのだが、そういうときは「靴を履いた人が来た！」と子供たちが呼びに来るのだという。アナニアスさんが続けた。

「困っていることは、この周辺の農場主です。もともと誰の土地でもないのに勝手に開拓して自分の土地だといって意地悪するのです。海へ漁に出る道がその農場主の土地で入れないため、わたしたちは大きく迂回しないと海に行けなくなってしまいました。政府が地主から土地を買い上げて開放する政策を打ち出しましたけど、まだ実現していません。

　農場の仕事は安すぎるのでしません。それはもっと僻地から出稼ぎにきた人たちがしています。ここでは農場で働くよりも、漁の方が儲かりますからね」

　アナニアスさんと集落を歩くと、次々と村人たちが集まってきた。そのうちの一人、カルロス・ドス・サントスさん（五四）にも、フェジョアーダについて訊ねてみた。

「ここでは豚肉が手に入らないから、フェジョ・コン・アロス（豆の汁ご飯）にして食べてるよ。でもご飯がなかなか手に入らないから、週に一度しか食べないね。いつもは牡蠣とカニ、それに芋の粉で食事にしてる」

　ムケカの原型のことだろう。ココ椰子もあるので、ココナッツ・ミルクとデンデ油で煮れば、ムケカの出来上がりである。ムケカは、キロンボ料理にルーツがあるのかもしれない。

歩きながら、アナニアスさんが言う。

「フェジョアーダは奴隷料理でしょう。ここは奴隷の身分から逃亡してきた人たちの集落だから、奴隷じゃないんですよ。だから豚なんて滅多に手に入らなかった。白人農場主の余り物で作ったフェジョアーダは、どちらかというとセンザーラ（黒人奴隷の収容所）料理といえるでしょうね」

キロンボの学校を訪問する。ちょうど休日なので誰もいない。教室は一〇畳ほどか。隣の建物には、黒人密教カンドンブレーの祭壇が飾ってあった。

「ここの住民たちはみな、カンドンブレーを信仰してます。ブラジルの黒人の間では、カンドンブレーの信仰は根強いですよ」

そこに、アナニアスさんの姉、ジュバニ・ネリ・ビアナ・ジュバレノさん（五三）が現れた。教師と同時に、ここの祭司もしているという。

「黒人の料理ねえ。いろいろありますけど、カルルなんかそうじゃない？　カルルはお祭りのときに食べる料理ですけど」

カルルとは前述のように、野草やオクラと共に干しエビなどを入れた、ごった煮のことだ。ここでは海産物を入れて煮込むのだという。

カルルは先住民インディオの影響を受けた料理とされている。逃亡奴隷たちは当初、先住民たちの村に匿ってもらっていたから、そのときの経験が、カルルに反映されているのだろう。祭りのときしか食べないというので、今回は残念ながら食べることができなかった。

アナニアスさんと別れて帰路を歩いていると、ヒデキくんが「なんかここだけアフリカみたいだなあ」と呟いた。このような生活を三〇〇年も続けているというのは、まったく驚きである。しかし、それよりも、現在でもここが黒人たちにとって〝楽園〟なのだという事実に、ブラジルの人種差別の根深さを垣間見た気がする。

町に比べると退屈だが、ここには飢えも差別もない、居心地の良い場所だ。その一方で、この退屈さに耐えられず、差別されてでも町へ出てメイドや掃除夫として働く人もいる。その気持ちも、痛いほどわかる。

わたしには、どちらが幸福なのかわからなかった。

車に戻ると、ジュジーチさん一家が見送りにきてくれていた。ヒデキくんが陽気に

「今度はフェジョアーダ食べに来るから、作っといてよ!」とジュジーチさんに笑顔で叫んだ。

彼女は、

「いつでもおいでー、またおいでよ!」

そう言って何度か手を振った。

第三章　漂泊民の晩餐——ブルガリア、イラク

ロマの〝浄・穢観〟

ぽんとテーブルに置かれたそれは、こんもりと丸まって、針をとんがらせていた。魚のハリセンボンにも似ているが、よく見るとスー、ハーとゆっくり息をしているので、この物体が生きていることがわかる。これからこれを食べるのかと思うと、どうも気の毒な感じがしてしょうがなかった。

わたしは、ここチェラコボ村のロマが今でもハリネズミを食べているというので、プロヴディフから車で一時間かけてやってきたのである。

プロヴディフはブルガリア第二の都市である。「ブルガリアの京都」という言葉がぴったりくる、美しい古都だ。旧市街には、石畳の道路と数百年前の建物が立ち並んでい

プロヴディフの街並み

る。観光資源の少ないブルガリアにおいて、プロヴディフは屈指の観光都市として知られている。

そんな古都プロヴディフから東へ約四〇キロ。チェラコボという小さな村にきていた。ここには約二五〇〇人が住み、その三分の二にあたる一五〇〇人がロマで占められている。

日本では「ジプシー」という名で馴染み深い彼らは、長年、流浪の民として世界でも知られてきた。

その出自については諸説あるが、今から一〇〇〇年ほど前にインドのいくつかの地方から、中東を通りヨーロッパ、アフリカ、果ては北米へ広がったというのがほぼ定説となっている。

ロマたちの特徴としては、外見でいえばイン

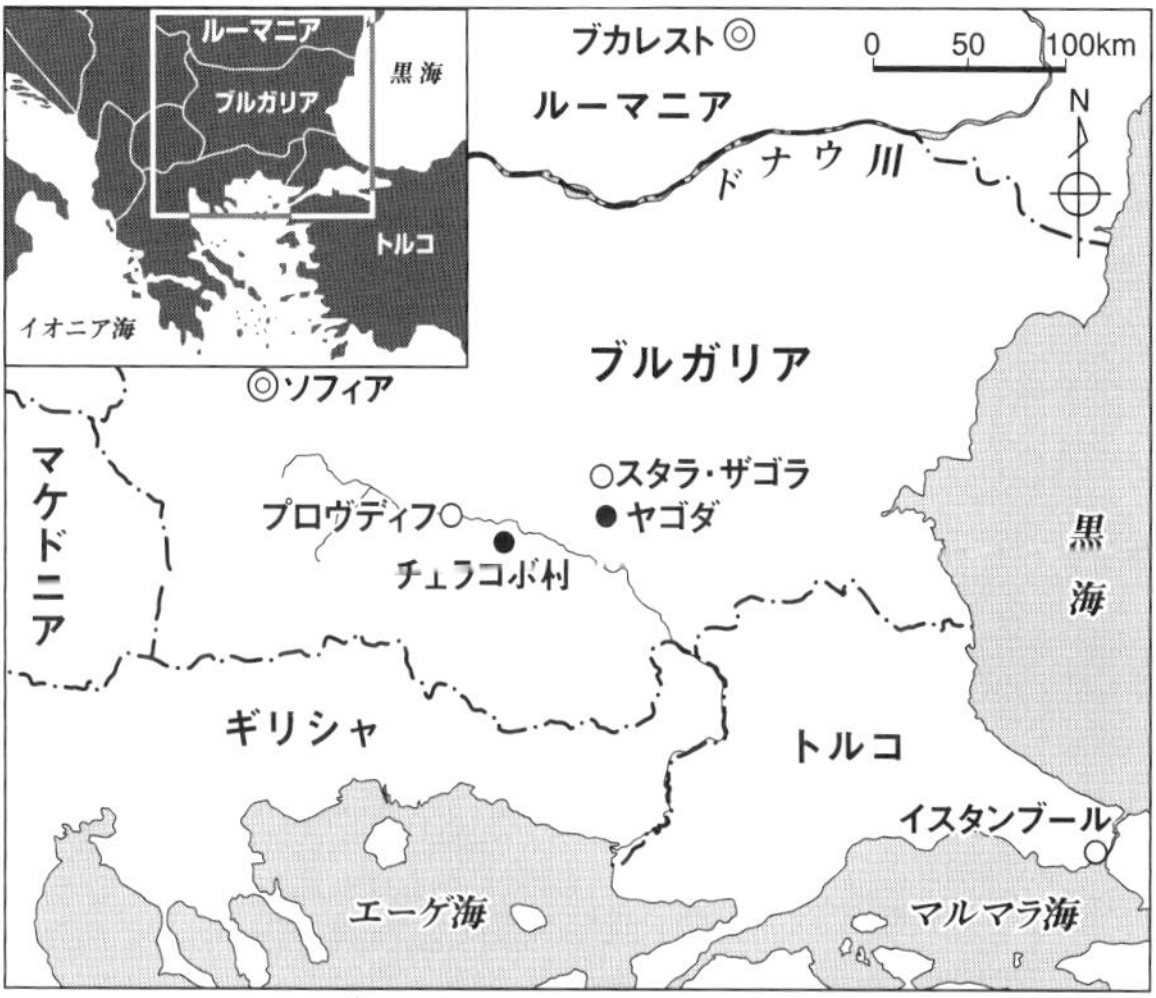

ブルガリア：ロマたちの住む地

ドから来たとされている通り、南アジア人的な、浅黒く凛々しい顔立ちをしている。そして音楽家やダンサー、曲芸などの芸能関係、貴金属の加工や木彫り細工など特定の職業に就くことが多いのも特徴の一つだ。こうした職業を生業としながら、各地を移動する。そんな「放浪生活」が、彼らの生活スタイルだった。

しかし、改革の進む旧東欧諸国などでは、現在こうした形は崩れつつある。特にロマの象徴である移動生活を現在でも行っているロマはほぼ皆無だと言われている。

ハリネズミは、ブルガリアでは「タラレシン」といい、ブルガリアのロマ語では「ハンザウリ」と呼ばれている。その語源についてはわからない。ただイギリスのロマからは「ホッチ・ウィッチ」と呼ばれている。その意味は「焼く必要があるもの」だそうだ。

ハリネズミがロマ固有の食べ物であるのは、さまざまな欧州ロマのルポや研究を見ても、間違いのないことだ。欧州では、ハリネズミを食べるのはロマだけなのだ。そのためにハリネズミは「ロマの豚」と形容されることもある。

その象徴として、ロマの老婆が夢で見た天国の情景が「まるまると肥ったみごとなハリネズミが、うようよしている大きな庭だった」という民話も残っている。「肥ったハリネズミがうようよしている大きな庭」が天国だというこのロマの民話には、彼らとハリネズミの親密な関係性がみてとれる。

このようにロマがハリネズミに親しみ、そして食す理由には、彼らのもつ独特な〝浄・穢〟に対する信仰が背景にあるとされている。

こと食事に関しても、ロマ以外の、外部の人間の作ったものはすべて穢れている（外部の人間自体が穢れているから）とする彼らは、例えば乞食であっても他人の残飯を口にしないといわれているほどだ。また動物においても、自分の身体を舐める猫は外部の穢れを内に取り込んでいると見られ、敬遠される。蛇が嫌われるのは、ほかの動物を穢れた外皮ごと丸呑みしてしまうからだ。

そうした意味でハリネズミは、彼らの穢れ観をもっとも満足させる、清浄な動物だと考えられている。全身を針で覆ったハリネズミは、外敵はもちろん、外部の穢れを内に取り込むことがないからである。

被差別民であるロマは、こうした〝穢れ観〟を先祖代々から現在に至るまで堅持し続けてきた。彼らはその穢れ観によって一般人から自らを隔離し、あたかも〝ハリネズミ〟のように自身を守ってきたのである。それは流浪の民が自分を外敵から守るために培ってきた信仰であり、生活の知恵という側面もあった。

しかし近年、東欧体制の崩壊とともに、中欧地域（旧東欧圏）の国々にも近代化の波が押し寄せてきた。そのためロマといえども近代化と世代交代には抗しがたく、こうした彼らのもつ伝統や文化、浄・穢観は消滅しつつある。そんな状況のなか、わたしはロマの作るハリネズミ料理を食べに来たのだった。

「トマス」「トラハナ」冬の朝食

今回訪れたブルガリアで聞き取りをしてみると、ハリネズミの他にもロマしか食べないものがあった。それは「トマス」と「トラハナ」といい、いずれも冬の朝に食べる朝食なのだという。

わたしはブルガリアの古都・プロヴディフにある大規模なロマ集落、ストリポノヴォを訪ねた。そこの若きリーダー、二七歳のマイネン・アッセンくんとその母親に頼んで、「ロマの朝食」と呼ばれるトマスとトラハナを作ってもらうことになった。マイネンくんはふっくらとした人懐っこい顔の青年だ。

まず一つ目の「トマス」は小麦粉と水を簡単にこねて適当にマカロニ様にして、それを鍋で茹でるだけ。そこに大量の油で炒めたチリパウダーをかければ出来上がりだ。

あまりに単純な料理なので他のブルガリア人も食べるのではないかと思ったが、ロマの人権NGOメンバーとしてプロヴディフで活動している三三歳の白人女性ナスカ・バックリオーバさんは、

「NGO活動を始めるまで、この料理のことはまったく知らなかったわ」と話す。

そのトマスの味だが、うまいとも不味《まず》いとも思わない。チリパウダーのおかげで少し

辛い。味のない出来そこないのうどん、という感じだろうか。ナスカさんも「すごく油っこいから、苦手」と話すが、集まってきたロマたちは「うまい、うまい」と言って食べている。

小麦粉と水をこねて茹でた「トマス」

彼女によると「ロマの食事が一般と違う点は、油とチリパウダー、コショウをたくさん使うところ」だという。

もう一つの「トラハナ」は、さらに手が込んでいる。仕込みとして、トラハノという木の枝のような植物を潰したものに、チリパウダーやいろいろな香辛料を入れて小麦粉で練る。それを二週間ほど常温で発酵させたものが、トラハナの元となる。

それを食べるときは、まず大きめの鍋でお湯を沸かし、塩を大さじ一杯とバターを入れる。そこにさきほどの〝トラハナの元〟を適当に入れて溶かし、とろみがでてきたら出来上がりである。食べ方は、

パンを入れて食べる「トラハナ」

そのトラハナ・スープにパンを浮かべるのである。味は、塩味で酸っぱい。マイネンくんは「おいしいね」と大量のパンをブチ込んで食べているが、どうもわたしは苦手だ。チーズのような、なんともいえない強い発酵臭。ただこうした発酵料理は、慣れるとやみつきになるものだから、要は慣れなのかもしれない。

このときわたしは「日本の味噌汁を初めて食べた欧米人」の気持ちがよくわかったような気がした。発酵した調味料を溶いてスープにするところは「ロマの味噌汁」と呼んでいいだろう。

「これは本当にロマしか食べていないの？」

そうわたしが訊くとマイネンくんは、

「実はぼくらも、このブルガリアで自分たちだけが食べているなんて知らなかったんだ。数年前に家に友達が遊びにきたとき、朝食にトラハナを出したんだよ。そしたら友達が

『なんだこれ!?』ってびっくりしてね。それで初めてロマだけが食べているとわかったんだ。

何でも、元々は数百年前のブルガリア料理だったんだけど、今はロマしか食べなくなってしまった昔の料理らしい」

迫害を避け、浄・穢意識の中で孤立していたロマならば大いにあり得る話だが、確かに変わった朝食である。

わたしはマイネンくんに「ハリネズミ料理を食べさせてほしい」と頼んだ。しかし意外なことに、ストリポノヴォではハリネズミは食べないという。

これは後に、ブルガリアの主要なロマ集落で聞き取りをして確認したが、ブルガリアのロマはあまりハリネズミを食べないということだった。ただ気のせいか、話をはぐらかすような仕草も見受けられたことから、外部の見知らぬ外国人であるわたしを誤魔化していたのかもしれない。

ロマは伝統的に、外部の人間に対して本当のことを言わないことが往々にしてある。ただ若い世代で、しかもハリネズミのいない都市に住むマイネンくんがハリネズミを食べないのは本当らしい。彼は「ロマがハリネズミを食べるということも知らなかった」

と驚いていた。

田舎にあるロマ集落に行って訊ねてみるというので、わたしは数日待つことになった。わたしもその間、近郊にある、他のいくつかのロマ集落を訪ねることにした。

クマ使いの村

プロヴディフからおよそ一〇〇キロ東にスタラ・ザゴラという中都市がある。そこから南に下った森の中、ヤゴダという小さな村を訪ねた。ここはかつて、ウルサリの村として有名だった。ウルサリとは、クマ使いのロマのことで、日本でいう「猿回し」のクマ版である。

村人たちにウルサリについて訊いてみたが、今はもうウルサリは消滅していないと言う。

「一〇年くらい前までは、冬にだけこの村に滞在して、夏になると商売に出掛けていたもんだが、今はまったく見かけないねえ。ブルガリアには、もうウルサリはいないんじゃないか。でもせっかく遠い日本から来たのだから、そこに数年前までウルサリをしていた人が住んでいるから、訪ねてみたらどうかね」

教えられた家を訪ねると、中から一人のお爺さんが出てきた。しかしお爺さんと見えたのは外見だけで、実際は五五歳、名前をラディ・イワノフさんといった。

「五年くらい前までやってたけど、動物愛護団体から熊を買い取りたいと言われて、一万一〇〇〇レバ（約七七万円）で売ったのに、その半分の五〇〇〇レバ（約三五万円）しか払ってくれないんだ。どうなってるんだ、まったく」

クマ使いのラディ・イワノフさん

彼はそう言うと、中庭に積んである丸太の上に腰掛けた。

「俺は一七のときからクマ使いだよ。お祖父さんに仕込まれたんだ。この辺も三〇年前には二〇人以上のウルサリがいたものだが、今はほとんどいない。まだ消滅したわけじゃなくて、今でもブルガリアに七人ほど残っている。でもみんなもう年寄りになっちまった」

今は観光客向けの木彫り工芸品を作っているという。彼らのグループは「コパナレ」といい、ルーツがルーマニアにある木工芸を得意とするグループなのだという。

ロマには、さまざまなグループがいる。その多くが職業で分けることができるが、例えばルーマニア・ロマでいえば、カルデラシュ（金属加工）、ギャンバシュ（博労《ばくろう》）、ルジンターリ（金銀加工）、ラウターリ（音楽家）などがいることが知られている。

例えばストリポノヴォのマイネンくんは「ブルグジー」というグループに属するロマで、ブルグジーは家具製造や金属加工をする職人集団をルーツにもつ。

このようにロマといってもいくつかのグループに分かれており、別々のグループの男女が結婚したら、その子供は夫のグループに属することになっている。ウルサリだったラディさんは、元々コパナレなのだがウルサリもしていたということになる。ルーツがそうだというだけで、特に厳格な〝掟〟などはないようだ。ブルグジーのロマの中には、音楽家になる者もいる。

ラディさんの木工品を見せてもらうと、みやげ物屋でよく見る、大きな木彫りのスプーンであった。

話を聞いていると、隣にいた彼の年老いた父親が「旦那さん、今日のパンを恵んでくれないかね」としつこく迫ってきた。

ハリネズミを料理する

マイネンくんから連絡があった。プロヴディフのロマ集落・ストリポノヴォで彼と合流し、レンタカーでその目的の村チェラコボに向かった。

旧ソ連製の軽四輪車は、トコトコとゆっくりと走る。そのひどく狭い車内でわたしは、マイネンくんと取り留めのない話をした。

「ロマの結婚は早いと聞いてるけど、今もそうなの？」

「日本だと何歳くらいで結婚するの？」

「人によって違うけど、だいたい二十代から三十代くらいかな」

「じゃあ、こっちは早いほうだね。仲間もみんな一七で結婚してるから。俺は一八だった。昔は一四くらいで結婚してたけど、今は二〇歳までに結婚することが多いね。

そういえばこの間、ちょっとした〝事件〟があったんだ。一三歳の少年が一二歳の少女と結婚しようとしたんだけど、女の子の両親が反対したんだ。それでその少年は少女を誘拐して、友達の家でセックスして結婚してしまったんだよ」

「ええっ？　そういうのは許されるのか」

「それが許されるんだな。ロマの社会では当たり前だよ。一三歳というのは、現代ではちょっと若すぎるけどね」

「ストリポノヴォの集落で、何か抱えている問題はある？」

「沢山ある。麻薬がすごく蔓延しているんだ。アルコール依存症も多い。仕事がないのが原因の一つだ。ブルガリア全土で仕事がないから、底辺におかれているロマはより差別され、貧困に喘ぐことになる」

「そうした構造は世界中、どこへ行っても同じだな。ところで、本当にハリネズミは食べないの」

「俺が知っているのは蛇にカエル、亀を食べることくらいかな。少なくともストリポノヴォのロマは食べないね。でも今日いくところでは食べてると聞いたから、きっと大丈夫だよ」

　ストリポノヴォを出てから約一時間、チェラコボ村に入った。まずは村の長老に挨拶すると「今日、手に入るかどうかわからないが、心当たりに聞いてみるからバーで待っときなさい」と言われた。わたしたちは一軒だけあるロマのバーに向かった。

バーの周囲には古ぼけた木造の家が多く、その合間にレンガ造りの家が建ち並んでいる。わたしたちはビールを飲みながら、集まってきた十数人の住民たちと、話しながら待つことにした。わたしのことを「日本から来た、日本のロマだ」などとマイネンくんが紹介したので、みな興味津々である。わたしは「みなさんはハリネズミを食べてますか」と訊ねてみた。

するとに驚いたことに、みな口々に「いやあ、食べないねえ」と言う。それじゃあ、今日ここに来た意味がないじゃないか。驚いてマイネンくんを見ると、彼は「ふーん」と落ち着いている。

「マイネン、みんな食べないと言ってるぞ」とわたしが声を掛けると「ああ、そういう人もいるだろうな」とまったく気にしていない。どういうことだろうか。頭がおかしくなりそうだ。

どうもこれはロマ独特の言い回しらしいと気付いたのは、しばらくしてからだ。このように事実と違う言い回しを時々するので、混乱させられてしまう。後で詳しく聞いた話によると、本当はみんなハリネズミが大好きで、一ヶ月に一回くらいの頻度で食べるのだそうだ。はじめからそう言えばいいのに。

テーブルの上に置かれたハリネズミ

ロマ取材の難しいところは、彼らが時に嘘を言ったり適当に答えるということだ。基本的に外部の人間を信用していない彼らは、伝統的に気まぐれで嘘をつく。そのためにわたしは、何度も角度を変えて質問し直さなくてはならなかった。

一時間ほど待っただろうか。ハリネズミが不味かったときのことを考えて朝から何も食べていないので、さすがに腹が減ってきた。

やがて、一人の若者が車でやってきた。驚いたことに、その手に持っている網には、丸くなったハリネズミが入っているではないか。

どうも長老に言われて、畑や荒地を探しに行ってくれていたようだ。その青年の名はアリアン・ザプリャノフ、二二歳。ハリネズミ捕りでは村一番だそうだ。

　わたしが礼を言い、そのことを褒めると「いやあ。べつに一番じゃないけど、ハリネズミ料理が得意だから、今日は俺が捕りに行ったんだ」と謙遜した。今までで二〇〇匹以上は捕まえて料理したという。

　ごろん、とテーブルの上に置かれたハリネズミは、楕円形に丸まっていて非常に愛らしい。身体が大きくなったり小さくなったりするので、息をしていることがわかる。みんな慣れているのか、素手で代わる代わる手にとって遊んでいる。

　わたしも持ってみたが、多少ちくちくするくらいで、素手でも簡単に持てる。ハンドボールくらいの大きさだ。「何か罠を仕掛けて捕るの？」とアリアンくんに訊いてみた。「もっと簡単だよ。畑とか荒地を歩くと、そこら辺にいるんだ。それを走っていって捕まえるだけさ。逃げ足は遅いからね。いないときもあるから、今日はラッキーだったよ。ただ、こいつは小さいから味は少し落ちると思う。大きい方が肉もついていてうまいんだ」

　早速、調理してもらうことになった。

　バーの中庭に出て、石段の上にハリネズミを置く。「どうするんだ」と訊くと、口に

ブタ顔のがうまい

指を当てて「静かに」と注意された。こうしておいて顔を出したところで、叩き殺すのだという。アリアンくんが短い鉄パイプを手に持ち、みんなじっと息を殺して待つ。

しかしハリネズミよりも、日本人を見に来る見物人の方が多くて騒がしく、なかなかハリネズミは顔を出さない。

しびれを切らしたアリアンくんは、その丸まったままのハリネズミを鉄パイプでかまわずブッ叩いた。二、三度バンバンッと叩き、ハリネズミをコンクリート台の上にぽん、とのせた。「逃げないか」と心配すると「もう死んでるよ」と言う。

裏返しにして丸まった体を〝剥いて〟いくと、丸い針山から小さな手足と顔が出てきた。尻尾もある。

ハリネズミにはブタ顔と犬顔の二種類があり、ブタ顔の方がうまいとされている。これはどっちだろうと訊ねると「良かった、ブタ顔だよ」とアリアンくん。わたしにはブタにも犬にも見えない。鼻はブタに似てなくもないが、如何《いかん》せん小さくて黒いのでよくわからない。

針を取りやすくするために膨らませる

ゴムチューブを持ってきたので何をするのかと見ていたら、ハリネズミの口にチューブの一方を噛ませ、反対の一方をふうふうと吹き出した。

するとハリネズミはぷっくりと膨らみ始め、やがてゴム風船のようにパンパンに膨らんでしまった。まるで漫画を見ているような、一種ユーモラスな光景である。

その〝ハリネズミ風船〟の背中を、今度はナイフでこすっていく。針がぽろぽろと取れる。膨らましたほうが、針を取るのに楽なのだ。かなり根気のいる作業

針を取られ、丸裸にされたリスのよう

だ。

丁寧に針をこすり落とすと、今度はバーナーで小さな残り針を焼いて、完全に取り除く。まんべんなく焼いたら、準備は終わり。あとはナイフを入れてさばくだけだ。ここまでくると、〝風船〟もさすがに萎んで、もとの状態に戻っている。針を取ると、丸裸にされた変なリスのようである。

ハリネズミは形状が特殊なだけに、さばき方も独特だ。まずは背中、カメでいえば甲羅の部分を、それに沿って丸く切っていく。そうすると、あたかも「パカッ」と音が出るように、甲羅様に背中が切り取れる。中に内臓一式が見えているところは、スッポンの解体に似ている。

切り取った背中は四つに切り分け、うつわに入れていく。まずは内臓を切り分けて、食べられないものは捨てる。腸などほとんどの内臓は味がよくないので捨ててしまうが、食べる人もいるという。「これは小さいから食べないけどね。今日は肝だけ食べよう」とアリアンくんは肝をうつわに入れた。血色の良い、きれいな肝だ。

だいたい一五パーツほどに肉を分けると、水洗いしてから鍋に移す。そこに油をひたひたになるまでそそぎ、水と塩大さじ山盛り一杯を入れ、蓋をして中火で三〇分、蒸焼きにしたら出来上がりだ。

肉を分け鍋に移し、蒸焼きにする

出来上がったものが、バーのテーブルにおかれた。白い皿に、黒っぽくなったハリネズミの肉がのっている。顔は半分に割られている。一番うまいのは甲羅にあたる部分についた肉だというので、まずそれを手にとって食べてみる。

固くてなかなか噛み切れない。何か、ゴムを食べているようだ。ぐにゅぐにゅした食感は、クジラのコロ（皮）にも似ている。

肉も食べてみたが、さばくのを見ていたからか、スッポンのような味だ。ただ野生動物特有の臭みがあって、あまり食がすすまない。

それにしても、ロマの料理が「油っぽくて濃い味」というのは本当だなと思う。油でべとべとしていて、とても塩辛い。生姜をきかせたりカレー風味にすれば、もっとおいしく食べられるかもしれない。しかし食虫動物は不味いというが、どうも本当だなと思う。

マイネンくんも食べるのは初めてのはずなので、「味はどう？」と訊くと「うまいねえ」と次々に食べている。

「ちょっと臭みがないか」

「え、そうかな。ぜんぜん臭わないけど」

どうも風味にうるさい日本人的感覚でとらえているので、わたし一人が臭みを感じているようだ。

今日の〝あぶら蒸し煮〟料理はブルガリア語で「バルジェノ」という。「スープにして食べることもあるけど、この食べ方が一番うまいからね」とアリアンくん。

ハリネズミは歓迎のために捕ってきただけなので、謝礼はいらないという。そこでお礼もかねて、集まった住民たちにビールを振舞った。

酔っ払ったアリアンくんが踊りだすと、バーはすぐに酒宴となった。

イラク戦乱下のロマたち

ズゥン……という鈍い音で目が覚めた。ビリビリビリビリとガフスが細かく震えている。二〇〇四年二月、日本中を騒がせた『イラク人質事件』から遡ること二ヶ月、バグダッドの朝のことだ。

ベッドから起き上がって窓の外に目をやると、小さなキノコ雲と共に、炎が空へと立ち上っている様子が見えた。この早朝から、どこかで、自爆テロが起こったのだとわかる。もう少ししたら、テレビや通信社をはじめとする報道陣が駆けつけることだろう。

わたしはまたベッドに潜り込んだ。目前の自爆テロに衝撃を受けていないといえば嘘になるが、それよりも夜、どうしても寝られなくなっていた。そうしていつもイラクでは、朝寝坊をしていた。一〇時には通訳と運転手が迎えに来るから、それまでは寝ていないと。

冒険も三日やれば日常になるというが、戦場すなわち日常であるこのイラクでは、そのテロが自分の身に危害を与えないものであるなら、特に気にしないようになっていく。家の近くで起こった交通事故のようなもの、そう例えればわかりやすいだろうか。

やがて九時半になった。起きて歯を磨き、寝癖でクシャクシャになった髪をなで、ミネラルウォーターを少しだけ口にして廊下に出る。またエレベーターが止まっていたので、五階から階段を歩いて下りた。埃っぽいロビーでは、通訳のジアッドが待っていた。わたしたちは今日から、世界でも前例の少ない、イラクのロマたちを取材しようとしていた。

手掛かりは何もなかったので、ジアッドの知人を頼っていろいろと聞いて回ることにした。まずは彼の知り合いだという男を訪ねた。男の話では、売春業に就いているロマの女なら知っているという。早速そこに行ってみるが、やはりというか、取材拒否だった。

その男の知人、そのまた知人と順々に訪ねて話を聞いてみる。しかしロマと知り合いだというイラク人は珍しいので、なかなかたどり着くことができない。

このイラクを始めとする中東では、ロマのことをアラビア語で「ガジャル」と呼ぶ。ロマの研究や音楽などの文化の紹介は、主にヨーロッパにおいて進んでいるが、彼らのヨーロッパへの移動の途中には、中東がある。当然、現在の中東においても、彼らはその根を下ろして生活している。

しかし、ヨーロッパのロマについては様々な文献が日本でも紹介され、書物も簡単に手に入るようになっているものの、中東ロマについてはほとんど何も知られていない。

わたしがイラクを訪れたのは、戦乱状態が長期化の様相を呈し始めたイラクの情勢を取材したいということはもちろんだが、そんな戦乱下の国でロマたちはどんな生活をしているのか、知りたかったのである。

というのもわたしには、イラクのロマたちについて、心配している点があった。戦争などの人災も含めた大災害の状況下では、被差別民への虐待が激しくなる傾向があるからだ。日本でも関東大震災時の朝鮮人虐殺はよく知られているし、また第二次大戦末期に広島へ原子爆弾が投下された時、その夜のうちに広島市内の被差別部落を、憲兵や軍隊が包囲したという事件があった。

これらは天変地異を利用して、被差別民たちが反乱を起こすのではないかと恐れた住民や政府のヒステリー的行動であるのだが、それもこれも、一般住民が彼らを日常的に差別していたからに他ならない。

ロマたちへの差別については、わたしも文献を通して知っていたので、中東では大変なことになっているのではないかと、そう危惧したのである。

何軒かの家と、何人かの男たちを訪ね歩いていると、ようやくロマたちが住んでいる場所を知る男に出会った。イラクでは中流にはいる団地に、彼らは集団で生活していたという。

「ただ、今も住んでるかどうかは知らないよ」

男は全てを、そう過去形で話した。その点を怪訝に思いながら、団地を訪ねた。そしてその不安どおり、その団地には一人のロマもいなかった。

住民に話を聞くが、どうも様子がおかしい。明らかに我々に対して敵意を持っている。通訳のジアッドに問いただすと「どうも彼らは、ロマたちを追い出した後に住んでいる人たちのようです」と言う。

「彼らがロマたちを追い出してしまったのか。それで、追い出されたロマたちはどこに行ったんだ」

「どうも米軍に空爆された後の廃墟に住んでいるようです。場所を訊いてみます」

住民たちに、外国から来たロマ擁護団体だと思われたようだ。それでわたしたちに敵意を剥き出しにして、突き放すような態度をとったのだ。最初に話を聞いた男も、ロマたちが追い出されていることをすでに知っていたのだろう。彼らが住んでいるという廃墟の場所を訊いて、早速そこへ向かうことにした。

空爆跡地を居住地に

その車中、通訳のジアッドにロマについての印象を訊いてみた。

「そうですねえ、音楽やダンスをしているというイメージかなあ。それで稼いでいるので、お金持ちというイメージもありますけど。ただ我々と接することがないので、正直いってよくわからないというのが本音です」

彼らの住む廃墟は、高速道路の近く、アルバイエ通り沿いのアルフィダ地区という所にあった。彼らの住んでいる所は、元は何かの工場だったようだが、米軍の空爆で飛ばされて、建物の屋根はほぼすべてなくなって吹き抜けになっていた。

その建物の外で、テント生活をしている家族がいた。わたしたちはまず、そのテント村を訪問した。

ジアッドと共にテントに近づくと、最初に一〇人ほどの子供たちが集まってきた。こ

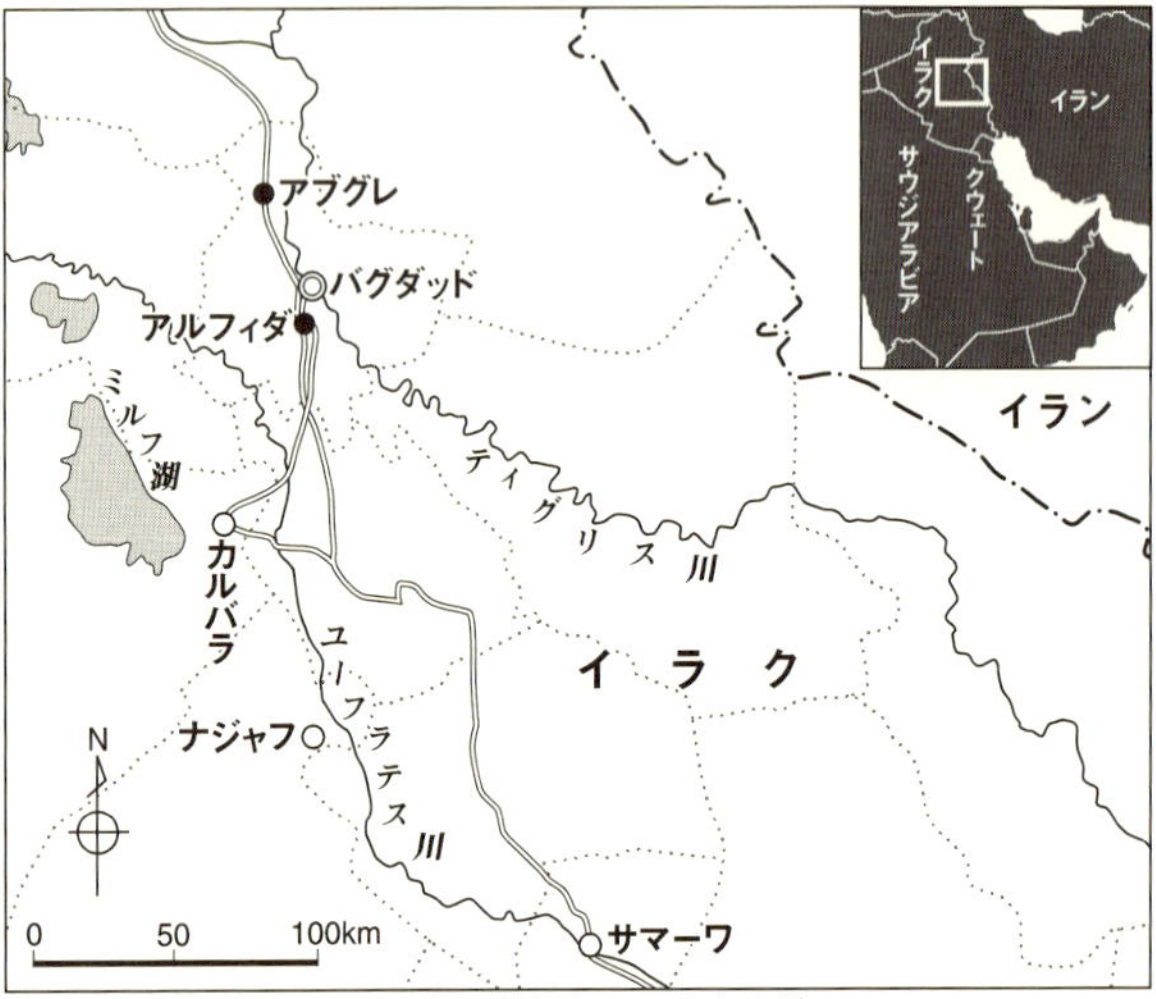

イラクで訪れたロマたちの地

のテントの主、リーダーは誰かと訊ねると、子供たちが一斉に一人の老人を指差した。老人はゆっくりとこちらに歩いてきた。

「何の用です」

「イラクのロマについて調べていて、そのために日本から来ました。できれば話を聞かせてもらいたいのですが」

わたしは手短に趣旨を説明した。老人は「話しても良いが、それでわしらに何かプラスになることがあるのか」とジアッドに訊いている。ジアッドは「それはまだわからないが、この人はあなた方の窮状を取材しに来たのだから話したほうが得だ。話しても損になることはないでしょう」と説得をはじめた。

老人はそれを聞いて、実はそんなことはさして気にしていないという風に、ふんふんと肯きながら、手招きして我々をテントに案内した。

老人の名はドバイス・ハニン、六七歳。このテント集落の長老だ。テントは六張りほどあり、全部で五〇人ほどが住んでいるという。

「仕事は、今は乞食をしとる。ここらの者はだいたい乞食じゃ。今のイラクでも金持ちはいるが、そんなに助けてはくれないしな」

ハニン老は意外に、愛想良く話してくれる。興味津々の子供や女、若い男たちがテントに押しかけてきたので、狭いテントはたちまち人で一杯に膨れ上がった。

「話ならいくらでもするよ。わしらの窮状をどうか日本にも伝えておくれよ。まったくサダム・フセインの時代は良かった。わしらの子供たちも皆、学校に行っていたのに、今は学校にも行けやしない」

話を聞いていると、この暑い中どこから持ってきたのか、氷の塊が入った水を若い女が持ってきてくれた。こんなところに冷蔵庫なんかないはずだが。

それにしても、飲んでも大丈夫だろうか。わたしはジアッドと顔を見合わせた。しかし、飲まないわけにもいかない、乞食をしている彼らなりの精一杯のもてなしなのだ。わたしは冷水の入ったプラスチック容器を、ぐいっとあおるようにして飲んだ。意外にもうまい。この氷はどこから持ってきたのだと訊く。

「毎朝、氷屋に買いに行くんだよ。オレたち、昼間はジュース売りに出てるからさ」

そう子供の一人が答えた。乞食で得た金でジュースをケースごと購入し、路上でジュース売りをしているのだった。発泡スチロールの箱に入れて、布で大事に巻いた氷を見せてくれる。

「運良く仕事の見つかった男は仕事に出るけど、他はみな乞食さ。サダム（フセイン）時代は、バンド演奏をしていたよ。結婚式なんかで演奏するのさ。演奏料は一時間につき四〇〇〇から五〇〇〇ＩＤ（イラク・ディナール）くらいだったな」

日本円でだいたい三〇〇円ほどか。そこに祝儀もつくから、時間給で考えれば、イラクではかなりの高収入といえよう。

現在の主な収入源である乞食業について、その収入はよくわからないという。ジュース売りもそんなに売れないので困っていると話す。一本二五〇ＩＤ（だいたい二〇円ほど）で売っているのだから、売れてもそうたいした儲けにはならないことは確かだろう。

それにしても、若い女はみな一様に厚化粧で、テント生活をしているにしては場違いな雰囲気だ。ジアッドに確認すると「もちろん売春もしているだろう」と言う。

現在、イラクのロマは非常に迫害を受けているので仕事がなく、生活苦から女は売春をすることが多い。ただ、直接そのことを尋ねることは彼らのプライドを傷つけることになるというので、不本意だが確認できなかった。とにかく今は、食べるために何でもしているという状況らしい。

「昔、わしらには身分証もなかったし、定住もしていなかった。移動しながら商売をしたり、バンド演奏で金を稼いでいたんじゃ。それが八〇年代になってサダムの命令で定住させられた。でも、サダムはそのためのアパートも建ててくれたんだよ。他の住民から暴力を振るわれないように、警備までつけて保護してくれた。サダムの時代になって、わしらはようやくイラク人の迫害を受けないようになったんじゃ。ところが今は住民に追い出されちまって、こんな暮らしを強いられとる」

ハニン老の話に、集まっていたロマたちはみな一様に肯いた。

米英、そして日本に「独裁者」とされたサダム・フセインは、実はマイノリティ（少数者）の味方だったのである。

そういえばバグダッド中心部にあるアパートは、パレスチナ難民のためのアパートだった。イスラエルの迫害を受けた彼らも、フセインの手厚い保護を受けていたのだ。しかし今回のイラク戦争後、彼らはロマたちと同じく、フセインと対立していた多数派のシーア派住民などから追い出され、どこかへ逃げて行ってしまった。

しかしこうした話にはもちろん、裏がある。八〇年代にはイラン・イラク戦争が起こっている。このとき兵士の補充の必要に迫られたフセインは、それまで移動生活をしていたロマたちに対して定住政策を進め、全員に身分証を発行した。そうすることによってロマの人口を把握し、ロマの若い男たちを徴兵できるようにしたのだ。

しかし、クルド人など例外はあるものの、フセインが一部の少数民を保護していたことは事実だ。彼自身もイラク国内では少数派であるイスラム教スンニ派に属していた。これが今も、イラク国内で絶大な人気を誇るフセインの魅力の秘密である。

「ところが今はどうだ！　金もないし家も追い出され、何もかも無くなってしまったよう」

ハニン老は皺だらけの顔をくちゃくちゃにして、絞り出すようにしてうめいた。六七歳ということだが、どう見ても八〇か九〇歳にしか見えない。

廃墟となった工場跡地に住む（八木澤高明氏撮影）

「ここに住んでいるのはあなたたちだけなのか」と訊くと、破壊された建物の中にはもっといるという。合計で二八家族が敷地内に住んでいるが、人数は正確にはわからないらしい。敷地内に二、三〇〇人はいるようだ。

テント集落を離れ、廃墟となった建物の中に入る。比較的、屋根の残っている建物を選んで入居したようだ。この工場は元軍需工場だった。

建物の中は、非常に広い。一〇〇メートル四方余ほどあるか。コンクリートの打ちっぱなしではあるが、このときは、そう汚いようにも見えなかった。

建物の中の様子だが、まずは広場があり、そこに沿って左側にだけ六畳ほどの広さの部屋が一〇部屋ほどある。広場にはビリヤード台まで置いてあり、閑そうな男たちが遊んでいた。

勝手に名乗り出た案内役の男たちに囲まれながら、各部屋を覗いていく。すると「俺の所にも寄って行ってくれ」と強烈な誘いがかかるので、ゆっくりと一つずつ見ていった。

どこも毛布が何枚か、それにラジオ、テーブル、イスなどが置いてあるだけの簡素な部屋である。入り口や窓に戸や扉はないが、上から布をたらしていて、多少だがプライバシーへの配慮がなされている。こうした六畳ほどの部屋に、それぞれ四人から一五人ほどが住んでいる。こうした部屋は、隣の建物にもあるという。

二階にも部屋があるというので、瓦礫のようになった埃っぽい階段を上がっていくと、ひどい臭気が鼻をついた。「何の臭いだ」と訊くと、上には病人がいるという。それにしてもまったく何て臭いだ。例えると、大量の死体が腐乱したような臭いがする。

二階の部屋に入る。四畳半ほどで狭い。昼間だというのに真っ暗だ。

目が慣れてくると、そこに一人の男が壁際で寝込んでいるのがわかる。素っ裸で毛布の上に横たわっている。ぎょろっと突き出た目玉に、あばらの浮いた腹。肌の色もドス黒いところを見ると、そう長くはないようだ。付き添いに老婆が一人、そばに座っている。

話を訊いていると突然、「ぐっ」と呻いて、通訳のジアッドが部屋の外へ飛び出していった。病人から発する生体の腐った臭いに堪らなくなり、吐きに出たのだ。仕方なくインタビューを中断して彼の戻るのを待つ。病気の男はまだ二八歳だというが、どう見ても老人にしか見えない。もう六ヶ月、こうして寝たきりの状態なのだという。

それにしても、部屋の外に出ても大変な臭いなので「大小便はどこでしてるの？」と、付きまとっていた少年に訊くと「そこら辺でしている」という。

その臭いだろうか。そう思いながら、病人の隣の部屋をのぞいて、驚いた。

そこは、一五畳ほどの広い部屋だった。空襲の爆風で窓は開きっぱなしになっていた。そしてなんとその部屋の床一面が、糞尿にまみれていたのだ。糞尿は絨毯のようになっていた。

猛烈な臭気とハエの大群。さすがのわたしも〝衛生的〟に身の危険を感じるほどで、すぐに外へ出た。外ではジアッドが再びゲーゲーと吐いていた。そんなわたしたちを見て、ケタケタと少年たちが笑っている。

ロマの衛生観念は希薄だというのは文献で読んで知っていたが、これほどだとは思わなかった。ただ、その主な原因には、差別と貧困と無知が根底としてあるのは間違いない。それにしても、病人の隣の部屋が〝糞尿部屋〟というのはひどい。これでは助かる者も助からないだろう。

そのことを告げるが、みな困った顔をしながらうなずくだけだ。毎日の生活で精一杯で、病人にまで意識が回らないのかもしれない。

階下までおりて、ここのリーダーである二八歳のアリ・ジャミンくんに「あの〝糞尿部屋〟は衛生的に良くないから、トイレは別に外へ作ったほうがいいのではないか」と話した。

すると何を思ったのか、彼は自分の部屋の奥から香水スプレーを持ってきて、プシューッと我々の顔面に吹きかけた。驚いて一様にむせる我々に「大丈夫か、もう臭くないだろ」と笑顔で答えるジャミンくん。

最初は皮肉か何かかと思ったが、本人は大真面目なのだった。

廃墟とベンツ

日を改めて、また違う場所に住み着いているロマのグループを訪ねた。今度は比較的、裕福なグループだ。とはいえ、彼らもアブグレという空爆された軍需工場の廃墟に住んでいる。

チャーターした車で工場の入り口まで乗りつけると、ぞろぞろと男たちと子供たちが出てきた。先のアルフィダ地区と同じようなやり取りで取材趣旨を説明すると、長老の家に招きいれてくれた。

長老は高齢で呆けているらしく、代わりに若手リーダーであるケイス・ハミール・シャラルという、四一歳の男が話をしてくれた。

「サダムの時代は無料の住宅を提供され、そこに定住していた。サダムは家の周囲にフェンスまで作って我々を守ってくれたんだ。このイラク戦争のおかげで、また元の移動生活に戻ってしまったよ」

「戦争前はどんな仕事をしていたのですか」

「バンド演奏だ。結婚式などに呼ばれてね。今は仕事もないし、家も追い出されてしまった。仕事用のオフィスまであったのに、今は瓦礫で野宿生活だ。今の仕事は時々、演奏しに行ったり、乞食したり。生きるためにいろいろなことをしているよ」

米軍の空爆で廃墟となった建物の裏手にはベンツまで置いてあった。アルフィダ地区のロマと違い、戦争前はかなり裕福だったようだ。瓦礫とベンツのコントラストが、歴史と、時の権力に翻弄される彼らの悲劇を物語っているかのようだ。

ロマ語について訊くと、もちろんという風に彼は「あるよ」と答えた。

ロマ語とは、ロマの固有言語で、彼らは自分たちにしかわからない言葉を持っている。これが、ロマかどうか判断の基準にもなる。もちろんロマ語を話さないグループもいるのだが、たいていはロマ語を話す。

このロマ語は、彼らのルーツであるインド地方の言葉がその起源だとされている。ある研究者が、彼らの話す言葉がインド地方の一方言だと気づいたことで、ヨーロッパでロマ研究が盛んになるきっかけにもなった。

しかし同じ国のロマでも、違うグループだと違うロマ語を話すこともある。つまりインド地方の一方言をルーツにするグループもいるが、そうでないロマもいるということだ。彼らの特徴の一つとして浅黒い肌を冒頭でも挙げたが、色の白いロマ・グループも存在する。ロマといっても一括りにできない点は、彼らの歴史の壮大さをよく表している。

わたしが聞きたかったのは、イラク・ロマの言語である。試みにヨーロッパの、あるロマ・グループの言語を試してみたが、まったく通じなかった。「パニ（水）」などのサンスクリット語が通じることもあるのだが、ここではまったく通じない。

ケイスさんに「教えてくれないか」と言うと、快く披露してくれた。代表的なものをいくつかメモにとった。カッコ内は一般的なアラビア語である。

・ロマ（ガジャル）＝男・ティードウハー、女・イエキ
・目（アイン）＝ティハ
・鼻（アンフ）＝プージィ
・口（ファム）＝デェフーン
・髪（シャアル）＝ルン
・男（ラジュル）＝マーナスクール
・女（イムラア）＝ダクララーク
・水（マーア）＝アウハー
・食事（アクル）＝チャース
・イラク人（イラーキ）＝ムークダハーナ

このように並べてみると、アラビア語ともまったく違う言語であることがよくわかる。ケイスさんによると、町などで誰にも話を聞かれたくないときに、これらのロマ語を使うのだそうだ。しかし、彼らのロマ語には忘れられている動詞や名詞もあるため、ちゃんとした一般的な会話としてはもう成り立っていない。だから普段は仲間内であっても、アラビア語を話すのだという。

「日本のガジャル（ロマ）は言葉をもっていないのか」

反対にケイスさんがそう訊いてきた。

わたしは日本の被差別部落について、地面に地図を描いてこう説明していた。

「あなた方は、古くはインド地方から西方に流れてこの地に来たと伝えられている。日本にはその思想だけが流れてきた。だから我々の先祖はインドから来た民ではないと思うが、あなた方と同じような存在にある。

古来より差別と迫害のなかで芸能をよくし、特に日本では死牛馬の処理を専門的に担ってきた。昔は特殊な仲間内だけの言語もあったかもしれないが、現在では残っていない。それに今はもうほぼ一般に同化しつつあり、そうした差別も解消傾向にある」

もともと賤民であるとされ、また最下層の職能民であったという共通点から、わたしは以上のことを説明した上で、自分のことを「日本のロマだ」と彼らに伝えていたのだ。ロマと被差別部落は共通のルーツであるという仮説をわたしがもっている関係もあるが、これは彼らに日本の被差別部落のことをわかってもらうための、とっておきの説明でもあった。そしてだからこそ、彼らは門外不出のロマ語をはじめとして、さまざまなことをわたしに話してくれたのである。

わたしは彼らに、自分のルーツがインド地方にあることについて「知っていたか」と訊いてみると、一人の中年の女性が、

「いえ、わたしたちの中では一〇〇〇年前にスペインから来たと伝えられている」

と言った。すると、集まった人たちは口々に「俺はインドから来たと知っていたぞ」

「いや、トルコから来たと聞いている」と言い合いを始めた。そこでわたしが、

「ヨーロッパの研究では、インド地方から来たとされている」

そう話すと「ふーん、インドか」と納得している。また、日本の被差別部落民は独自の言語を持っていないと伝えると、そうか残念だなとうなずいた。

「あと、ロマ独特の食事はないか」

「ないなあ」とケイスさん。わたしが残念がっていると、集まってきてくれた人みんなで真剣に考えてくれた。しかし本当にないようだ。

「ヨーロッパのロマはハリネズミを食べるのだけど、こっちでは食べないか」

「ええ！　ヨーロッパのロマはそんなものを食べているのか。我々は、イラク人とまったく同じものを食べているよ」

どうも勝手が違う。料理法についても事細かに訊ね、通訳のジアッドにも違いがないか訊いてみたが、違いはないという。

ロマがもつ〝穢れ〟観についても訊いてみた。前述したように、ヨーロッパのロマには外部の一般人を「穢れている」として接触を嫌うロマも少なくない。例えば女性の生理や出産についても「穢れる」ため、いろいろな制約が課せられている。もちろん現在では、世代が交代しつつあるために、そうした穢れ意識、タブーは無くなりつつある。しかし、この〝浄・穢〟という概念は、ロマ社会の一つの特徴なのだ。

女性と穢れについては、セルク・ハーディという三九歳の女性が答えてくれた。

「女は、生理中は料理できないよ。一週間くらいして生理がなくなったら、水浴して身体を清めてから、料理していいことになっているの。子供を産んだときは四〇日間、料理できないね。それは今でも守られているわ」

外部の人間との結婚についても、ある程度は自由だという。しかし、結婚したらこのロマ・グループから出なければならない。離婚したら戻ってくることを許されるのだそうだ。

セルクさんは、放浪生活のことをまだ覚えていると言った。

「一五歳のときに、サダムからイラン・イラク戦争で戦地に行けば家を与えると言われ、定住を始めたんです。それまでは、生まれた時から移動生活だった。ロバに曳かせた荷車で移動するのよ、懐かしいわ」

三家族から六家族、二〇人から三〇人ほどで一グループをつくって移動したのだという。

移動先はだいたい決まっていてセルクさんの一家はバグダッド、キルクーク、モスルを回っていた。長く滞在するのはキルクークで、両親はそこに定住して職をもっていた時期もあったそうだ。

「移動先では、住民の襲撃に遭うことも珍しいことじゃなかった。サダムの時代になって、ようやく襲撃の恐怖から解放されたと思ったのに……」

セルクさんは困惑した顔でそう言った。

それを聞いていたサーレフ・ムハウィシュ・アジルという三四歳の男が「俺も言いたいことがある！」と話に入ってきた。

「イラク戦争前、俺は本当に金持ちだったんだ。サダム時代は四台の車と、現金一二〇〇万ＩＤ（約一〇〇万円）を持っていたんだ。それなのに米軍の空爆で車と四〇〇万ＩＤが焼けてしまった。おれたちの家は全てイラク人の略奪に遭ってメチャクチャにされ、ここへ逃げてきたんだ。そのうえ三歳の娘も誘拐されて、シリアに連れて行かれた。犯人からは三〇〇万ＩＤを要求されてるけど、今の状況では払うこともできない」

娘まで誘拐されるとは。本当だろうか、とジアッドに訊くと「金持ちの子供が誘拐されるのは珍しいことじゃない」と言う。

野宿生活する前に誘拐されたのだが、これは不運としか言いようがない。今の生活では身代金を払うなんて、とてもできないだろう。

セルクさんは「わたしの義父と親戚も、九七年にイラク人に銃で撃たれて死んだわ」と訴えた。定住してからもイラク人から妬まれて、よく襲撃されたのだという。それでフセインがフェンスを張り巡らせ、警備員をおいて守ってくれるようになった。

ロマの間ではこのように、米英日の言う〝独裁者〟フセインは絶大な人気である。わたしはここに、イラク混乱の原因の一端が潜んでいるのではないかと思った。

ポケットの中のチョコレート

わたしは彼らの奏でる音楽とダンスを見てみたかったので、ささやかな宴席を開いてもらうことにした。「楽器とかはみんな略奪に遭ったので、簡単なものしかないんだ」と、ケイスさんが申し訳なさそうに言う。

コンクリートが剝き出しの床にカーペットを敷き、演奏とダンスが始まった。小さな太鼓とタンバリン、それに手拍子だけのシンプルなものだ。本来ならここにシンセサイザーなどが入るのだという。

ダンスは、腰を横に振るベリーダンスだ。ベリーダンス自体、ロマを起源とするダンスである。腰をクイクイッと横に突き出す、官能的な踊りだ。そういえば、ブルガリアでハリネズミをとってくれたアリアンくんも同じ踊りをしていた。

踊り子は二〇歳のハナン・アブドワルへさんと、一七歳のイナス・サヘルさん。中でもハナンさんは色が白く、イラク人には見えない。ロマといっても、長い歴史の中でいろいろな血が交わっているので、その特徴を一概に言うのはむずかしくなっている。

しかし、彼らの踊りと音楽は、古来から多くの人々を魅了し続けている。わたしも実際にそれを体験して納得した。

この後、食事もご馳走になったが、鶏の丸焼きに、ティシュリーブという羊肉のトマト煮が出た。いずれも典型的イラク料理である。

最後に、ダンスと食事の料金を払おうとすると、ケイスさんが初めに遠慮したのには驚いた。

「正規の料金は払うから」と言うと、通訳のジアッドと交渉を始めた。遠慮しておいて交渉するのもまた中東らしい、ロマらしいというべきか。

わたしはそのとき、最初に訪れた貧しいアルフィダ地区の、ある出来事を思い出していた。

それは、アルフィダ地区でテント集落や〝糞尿部屋〟を見た後、わたしたちが帰ろうとしたときのことだった。何人かの人たちが謝礼を要求してきたので、わたしはリーダーに何枚かのイラク・ディナール札を渡して「これでいいか」と聞いた。彼はうなずいたので、わたしたちは礼を言って車に戻ろうとした。

するど今度は、子供たちが車まで付いてきて小銭を要求してきた。現役の乞食として働いている子供たちはさすがに〝プロ〟らしく実にしつこかった。しかも何日も水浴していない彼らは真っ黒な顔で、着ている服は何ヶ所も破けていた。

そこに、一人の少年が混じっていた。年齢は一四歳くらいだろうか。幼い子供だけでなく、年長の彼が何度もしつこく金を要求してきたので、わたしはいい加減はらが立ち、通訳のジアッドを呼ぶとその一四歳くらいの少年に向かってこう言った。

「いいか、俺は日本のガジャル（ロマ）なんだぞ。お前はイラク人だけでなく、日本のガジャルからも金を取るのか。遠い日本からお前たちに会いに来た、貧乏な日本のガジャルからも、お前は金を取ろうというのか！」

わたしの剣幕に驚いた彼は、さっとそれまで出していた手を引っ込めた。そして何をするのかと思ったら、破れかけた自分のズボンのポケットから、五〇ＩＤを出して、わたしに渡そうとするのだ。

わたしは胸がいっぱいになりながら「いらない」と断った。すると今度は、違うポケットからチョコレート・バーを出して、わたしに食えと言うのだった。

「ありがとう、でも今はお腹がいっぱいだからいらないよ。お前も元気でな」

そう言うと、少年はにこにこと笑いながら手を振ったのだった。

第四章　禁断の牛肉料理——ネパール

カースト制度の国

土壁でできた粗末な茶店に、数人の女が何かを買い求めていた。

何か飲もうと思い、その茶店に入ってみるが、そこにあるのは砂糖、塩、調味料、即席ラーメンと若干のお菓子類だけだ。いずれの商品もうっすらと埃をかぶっている。ため息をつきながら店を出ようとしたとき、「おい、見ろ」と、八《や》木《ぎ》澤《さわ》高《たか》明《あき》カメラマンが指差して言った。横を見ると、茶店の婆さんが砂糖の入った袋を客の女に渡すところだった。婆さんは「ほれ」という風に、決して女に触れないようぽとっと、女の手に、砂糖の入った袋を落とし、代金をもらっていた。

この何気ない光景を見て、わたしは〝不可触民〟という言葉を、戦慄をもって思い出していた。

相手に触らないで商品を渡すには、相手の手にぽとっと落とすしかない。客の女は、不可触民であった。決して触れられない、穢れた民。わたしは背筋に冷たいものがはしる気がして、今まで歩いてきた山道の疲労が、すうっと引くのを感じた。その昔、日本の被差別部落も、このような差別を受けていたのだろうか。

石の上にすわっていた八木澤は「不可触民にはいつもそうして渡すんだよ。あの客の女はカミだな。まあしょうがねえけどな」とぶっきらぼうに言った。

カミとは、鍛冶屋を意味する不可触民のことだ。

ネパールはヒンドゥー教の国で、インドと同様にカースト制度が存在している。カーストや人種・民族で大きく分けるとブラーマン（僧／アーリア人）、チェットリ（軍人）、モンゴロイド系、不可触民（アーリア系）に、分かれている。

最高位のブラーマンはすべて、アーリア人である。これは目鼻立ちのはっきりした、西洋的な顔立ちの人種で、職業的には僧になるカーストなのだが、実際は農業をはじめいろいろな職業に就いている。チェットリというのはもともと軍人を表し、人種的にはアーリア人とモンゴロイドの血が混じっている。

モンゴロイドはいわゆる中間層で、日本人をカーストに組み込むとこの位地になる。タマンやグルンなど、いろいろな呼び方がある。

ややこしいのは、最高位のブラーマンや、中間のモンゴロイドの中にも、さらに細かなカーストがあることだ。ネパール先住民であるネワール人も、独自のカーストをもっている。だから実際はさらに非常に複雑な構成となっていて、厳密には二〇〇以上のカーストがあるともいわれている。

不可触民たちの大半もアーリア系だ。これはその昔、西方からアーリア人が侵入してヒンドゥー教とカースト制度をネパールに定着させたのだが、そのときに不可触民も一緒に連れてきたので、アーリア系の顔立ちをしているといわれている。

ブラーマンと違う点は、下層民になるほど職業が限られていくということだ。最近はそうした慣習も崩れてきたが、不可触民たちの中には先祖代々の生業を引き継ぐ者も多い。というよりも、差別のためにそれしかできない者が、現在でも田舎や貧困地区に多い。

不可触民の種類は、茶店で見たカミ（鍛冶屋）や、ダマイ（服飾職人）、ポレ（漁師）、ガイネ（吟遊詩人）などが一般的に知られている。ネパールにおける不可触民の人口比

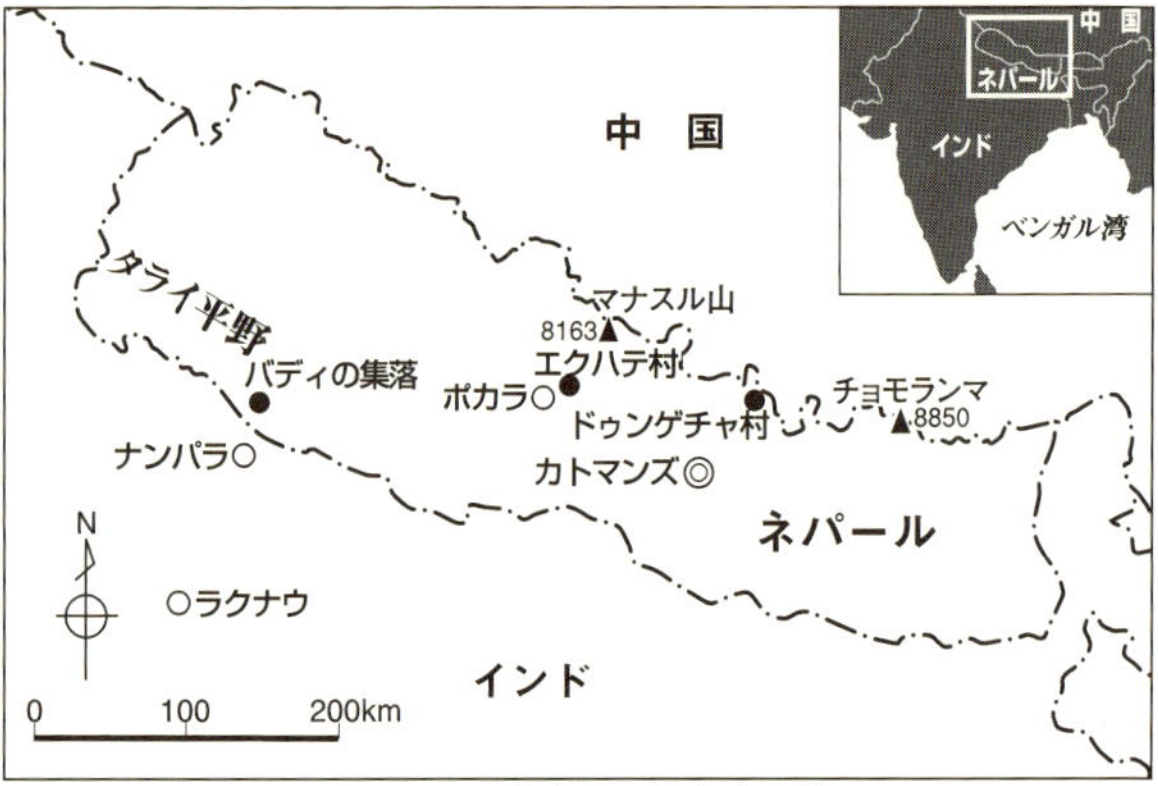

ネパールに住むサルキたちの地

率は、だいたい二〇パーセントほどだといわれている。

また不可触民の中には、バディという、売春を生業とする民もいる。これは相手に触れなければ性交できないのだから、不可触民というには言葉としておかしいのだが、彼らも買い物に出れば、先にわたしが見たような対応をされる。バディたちはおもに、ネパール西南部にあるタライ平野に住んでいる。

わたしは、彼らの集落を訪ねたことがある。そこは川辺にある、五軒ほどの小さなバディ集落だった。女たちは、一回一〇〇円ほどで売春をしていた。以前までは町の近くに住んでいたが、住民たちに追い出されたのだという。ここでは川が増水したときは家が流されるので、しっかりした家が建てられない。だから生活のために仕方なく売春をしているのだと、彼らは自分たちのそんな窮状をわたしに訴えた。

そんな朝もやにけむる川辺の彼らの生活を見たとき、わたしは、数百年前の日本において、川辺で生活していた被差別の〝河原者〟たちを見る思いがした。ネパールは今でも、そうした光景を目の当たりにすることができる。

バディがなぜそのような売春を生業とするカーストになったのか、はっきりとわかっていない。バディ解放運動の活動家によれば、もともとインドの王宮で芸能をよくしていた民だった者が、ネパールの王宮に差し出されたのがはじまりだとされているという。その後はネパールの王宮内で踊ったり歌ったりしていたのだが、戦争で王宮が滅ぼされたときタライ平野に逃れた。そこで生活のために売春するようになり、売春カーストになったというのだ。すでに王宮内で売春カーストとして働いていたとする説もある。

不可触民サルキ

バディなど、こうして川辺に追いやられた不可触民たちが昔の日本における河原者的な存在だとすると、かつて日本で「エタ」や「皮多《カワタ》」などと呼ばれた民と同じような不可触民が、このネパールにいる。そして日本の被差別民と同様に、彼らも死牛馬の処理と、皮革加工の仕事に携わっていた。

その不可触民は「サルキ」という。かつてのエタ・皮多と同様、死牛馬の処理と皮革加工を生業としている不可触民だ。

ネパールの民主化は一九九〇年。このときに初めて、いわゆる「カースト解放令」が出ている。日本では一〇〇年以上前の一八七一年に出された被差別民の「解放令」だが、ネパールではまだ最近出たばかりだ。

サルキは、被差別部落のルーツ的存在だといえよう。もちろん、彼らが直接ヒマラヤと海を渡って日本に来たわけではない。サルキをつくりだしたヒンドゥー教の考えが、遠く日本まで影響を及ぼしていると考えるのは自然なことだ。現在も残るさまざまな史料を見ると、サルキと被差別部落にはかなりの共通性がある。カースト的な考えが、中国や朝鮮を経由して輸入された可能性は高いと考えてよいだろう。事実、日本の被差別部落は、欧米からは「極東カースト問題」として捉えられている。

そうなればサルキは、かつてエタや皮多と呼ばれた被差別部落民のルーツとなる民なのではないかと、そうわたしが考えたのも自然なことであった。そして隣国インドから、西方へと移動していった民がロマとなったのである。だからわたしは広範な意味で、ロマと被差別部落は同じルーツだと考える。

そしてサルキが被差別部落のルーツなのだとすると、同じような「被差別の食卓」があるのではないか。いや、ネパールでは牛肉料理じたいがタブーなのだから、彼らの食べる牛肉料理はすなわち、サルキだけの食べ物〝サルキのソウルフード〟ということになる。

ぜひサルキたちに会って、その牛肉料理を食べながら、いろいろな話をしたい。そう思ったわたしは、ネパール・ポカラ郊外の村へと向かったのであった。

姓名すなわち身分

山あいのところどころに、ぽつぽつと家々が散在しているそこが、目的のエクハテ村であった。

今回は、八木澤高明カメラマンが付いてきてくれていた。八木澤はわたしの古くからの友人で、妻はネパール人だ。彼自身ネパール語が堪能なので、今回の取材もカメラマン兼通訳として手伝ってくれていた。

わたしたちはガイドとして、ここの村人であるコモル・グルンくん（二一）に、町から付いてきてもらっていた。コモルくんは八木澤夫人の兄にあたり、彼がエクハテ村に住むサルキ一家を紹介してくれることになっていた。両親が早くに亡くなり、現在は村で妹と二人暮らしをしている。

まずは村長的な役割をしている、コモルくんの叔父ルドラさんの家へ挨拶に行った。ルドラさんの話では、いきなりの訪問はサルキたちを困らせるだけなので、まずはここで会ってはどうかということになった。そこで、土壁でできたルドラさんの素朴な家の中で待たせてもらうことにする。サルキを待っている間、ぽつぽつと話を聞く。

エクハテ村は、二キロ四方ほどの範囲に六〇戸ほどの家があり、全部で約八〇〇人が生活している。ということは、一戸に一〇人以上が住んでいることになる。ただ隣家との間隔はけっこう離れているので、村全体は広々として見える。電気は最近きたが、水道とガスはない。煮炊きは薪でするし、水は近くの水場まで汲みにいく。ポカラの町でも、煮炊きを薪でしている家がある。エクハテは、ネパールでは平均的な田舎の村といえる。

ルドラさんの話によると、サルキはだいたい一つの村に二家族以上が住んでいて、その村の牛が死んだら引取りに来て、解体して肉はすべて食べてしまう。残った皮はなめして、町へ売りに行くのだ。

「サルキって呼ぶと『名前で呼べ』って怒ってくるよ」とルドラさん。考えてみれば当たり前の話で、サルキというのはそのまま差別語になる。ただ、名前で呼ぶようになったのは最近の話で、三〇年前は平気でサルキと呼んでいたという。これには、カースト名がそのまま姓の代わりになっているネパールの事情もある。

ネパールは、名前でそのカーストがわかる。例えば、案内のコモルくんは「コモル・グルン」という名だが、グルンというのはモンゴロイド系カーストのことを指す。「東電OL殺人事件」という〝冤罪〟で現在も東京拘置所に収容されているネパール人、ゴビンダ氏の名はゴビンダ・プラサド・マイナリというのだが、最後の「マイナリ」が最高位のブラーマンを表している。

つまり、カースト名がそのまま姓になっている感覚だ。そのため日本にきたネパール人はたいてい「日本はなんてカーストの多い国なんだ」と思うのだという。

また最近では、三年前にサルキの娘がブラーマンの青年と恋愛関係になったが結婚を許されず、ポカラの観光地として有名なデビシュ・フォールという滝に、二人で身を投げた悲惨な事件もあったという。日本でも数々の悲劇を生んだ結婚差別と同様の事件だ。

雑談も交えてそんな話をしていると、ルドラさんがふと立ち上がった。

見ると、戸口によく日焼けした真っ黒な男が立っている。彼がこの村に住むサルキだという。わたしも挨拶をしようと立ち上がり、何気なく案内のコモルくんの方を見て驚いた。

ものすごい形相で、彼はサルキの男をにらみつけていた。汚いものを見たときのような、また激しい怒りを我慢しているときのようなそのおそろしい形相。さっきまでの愛想のよかった彼からは、想像もできない変わりようだ。

裏庭にまわるよう、ルドラさんがサルキの男にさっと指示をだす。サルキは自分より上位カーストの者の家に上がれないので、側道から入れる裏庭で話をしようというのだ。わたしは、そのような〝階級的な場〟で、初めてサルキと会ったことを激しく後悔した。

ルドラさんは、わたしと八木澤にはゴザを勧めるのだが、サルキは立たせたままだ。穢れるのでゴザが渡せないのだ。仕方ないので、わたしも庭に出て、石の上に座って話をする。叔父ルドラさんとコモルくんは、穢れるのを恐れて軒下から出てこない。昔の日本の被差別部落民も、このような雰囲気のなかで村人と接していたのだろうか。

サルキである彼の名は、ゴビンダ・バハドゥール・ネパリ。ネパリとは「ネパール人」という意味で、サルキという蔑称に代わる名だ。ただしこれは勝手に彼がそう自称しているだけで、戸籍や証明書にはネパリでなく「サルキ」と書かれている。それにネパリなどというカースト名をつけているのは不可触民だけなので、結局こうした名は蔑称として機能することになる。日本でも、かつて被差別部落民が「新平民」と呼ばれた経緯と似てなくもない。年は四六歳だと言った。

「あなたの自宅でいろいろ話を聞きたい」と話すのだが、ゴビンダさんは困ったような顔をするだけで何も言わない。拒否の表現だろうかと心配になるが、八木澤は「恥ずかしがってるだけだよ」と言う。こちらから質問しても、年長者であるルドラさんの方を見るばかりで話にならない。

しまいには、こちらから話しかけて、それをルドラさんが〝通訳〟するという、おかしな状況になってしまった。上位カーストの者に遠慮していることもあるだろう。

わたしは、サルキが通常食べている牛肉料理を食べたいのだと根気よく説明し、何とかゴビンダさんの了承をえた。明日、あらためて彼の家を訪問することになった。明日はルドラおじさん抜きで訪問しないといけない。

エクハテ村のゴビンダ一家

翌日、わたしたちは町でインドから輸入された冷凍牛肉と、トマト、タマネギなどを購入し、再びエクハテ村に向かった。

エクハテ村へは、バイクで行けるところまで行き、そこからは徒歩で行くしかない。〝橋のない川〟を素足になって渡渉し、山道を一時間ほど登ると村に着く。その橋のない川は、さすがにアンナプルナ山系から流れてくるだけあって、ひどく冷たかった。乾期には簡単な橋が架けられるが、雨期である現在、橋は流されてしまってない。

輸入の冷凍牛肉を用意したのは、そうタイミング良く牛が死んでくれないからだ。解体作業も見たかったのだが、こればかりは仕方がない。前述したように、ネパール人は神の使いである牛は食べないため、この冷凍牛肉も外国人向けの輸入食料品店でしか手に入らない。

それとわたしは、日本食レストランから日本を代表する牛肉料理「スキヤキ」を持ってきていた。サルキの牛肉料理とこのスキヤキの食べ比べをしようというのだ。

コモルくんの案内でゴビンダ家に行くと、家族総出で待ってくれていた。ネパールの田舎でよく見る、土でできた伝統的な家だ。

持ってきた食材を渡して、さっそく火をおこして調理にかかってもらう。庭に面した二畳くらいの小さな部屋が台所だ。天井は非常に低く、まっすぐ立つことができない。調理の合間に、ゴビンダさんから話を聞く。昨日とは違った、滑らかな口調だ。

「今日は頼まれたので作りますけど、実は牛肉はもう食べてないんです。牛肉はおいしいし好きだけど、サルキが差別されるのは牛肉を食べるからなので、それで三年ほど前から蛇の神様を祀って、食べるのをやめたんです。昔は虎によく襲われたんで牛もよく死んだけど、今は病死牛しかいないし。病死牛は健康にも悪いから」

現在、この家には一〇人が住んでいる。ゴビンダ夫婦とその子供、祖母、それにインドへ出稼ぎに行っている弟の家族四人も一緒だ。

「牛の解体はこの家の庭でしていました。今は弟の庭でやってます。解体は全部庭でやるときもあるし、牛が大きいときや人数がそろわないときは現場で大まかに切り分けてから運びます。

解体の方法は、まず寝かせたまま首を切り落として血を抜き、腹を上から下へ一直線に切って内臓を取り除きます。この内臓も洗ってから全部食べます。脳みそや延髄も、

エクハテ村のゴビンダー家（八木澤高明氏撮影）

干したりスープにして食べます。皮を剥いだあと、前足と後ろ足を切って終わりです。

後は適当にククリ（ナイフ）で切り分けて、だいたい三、四家族くらいで分けてもって帰ります。肉は傷むのが早いので、三日以内には全部食べてしまうようにしてます。わたしが好きな部位は、腹の中にある薄い肉ですね」

さらに詳しく聞いてみると、どうもその肉はハラミのことらしい。

「病死した肉は、味がないです。臭いもよくない。でも内臓も全部食べます。あまり臭いのは食べないようにしてますけど」

彼は話しながら肉をククリでサイコロほどに切り分け、香辛料をすり潰していく。

調理法は単純で、マサラというカレー風味の香辛料にトマトやタマネギを入れ、煮たり焼いたりするだけだという。あと塩をまぶして薪で燻したり、天日で干し肉を作ることもある。香辛料の調合具合などによって、それぞれ家庭の味ということになる。

サルキへの差別について訊いた。

「以前の差別はひどいものでした。どんな差別か言えないくらい。もう忘れてしまったし。ただ、今でも年寄りは昔と同じようにしてます。昔はブフーマンに出会ったら土下座しなければならなかったので、会わないように違う道から帰ったりしてました。

一〇年くらい前までは、村でもサルキとしか呼んでもらえなかったけど、今はわたしも牛を食べなくなったので、村の人ともダイ（兄貴）、バイ（弟）と呼び合う仲になりました」

それからは「具体的にどんな差別を受けたか」と訊いても「どう言ったらいいのか」と話すだけで答えてもらえなかった。

生きていく術として、差別されても次々と記憶の彼方に追いやってしまっているのだろうか。また差別といっても、生まれたときからそれが当たり前なので、差別と捉えていない側面もあるようだ。

ふと、ゴビンダさんの足元を見て、わたしはその異様さに気付いた。すり減ってぺらぺらになったゴムサンダルに、うす汚れた不揃いの靴下を履いているのだ。ネパール人は、特に田舎では基本的にいつも素足で、ましてやゴム草履に靴下は履かない。わたしたちが訪問するということで、貧しいながらも精一杯のお洒落をしてくれているのだ。

「差別はまだ我慢できるけど、貧乏なのが一番つらい」

彼はそうつぶやいた。その貧しさは、彼の家を訪問したとき、わたしもすでに実感していた。

それというのも、昨日初めて会ったとき、手土産としてキャンディを渡していたのだが、そのキャンディの小さな包装紙が、今日にはもう家の入り口にリボンのようにして飾ってあるのだ。家に帰るとさっそくみんなで全て食べてしまい、残ったきらきらした紙くずを子供たちが飾りつけしたのだ。

「少し前まで、インドへ一〇年、出稼ぎに出てました。でも今は畑仕事だけで現金収入がないから、それがつらいです。長男は幼いころに罹った足の病気で不自由していて、病院にも、学校にも行けないでいます」

そのゴビンダさんの長男ジテは、二〇歳だというのに栄養失調からかひどく小柄で幼く見える。足を引きずってしか歩けないこともあり、ずっと座ったままだ。すねたまなざしで、わたしたちを見ている。「話を聞きたいのだけど」と言っても、返事もしない。庭では、案内のコモルくんが退屈そうに立っている。こっちに来て座ったらと勧めるが、顔をしかめて首をよこに振るだけ。家の近くにも寄ろうとしない。しかめっ面をしながら、庭と出入り口の間をぶらぶらしている。

今なにが欲しいかと、ゴビンダさんに訊いた。

「仕事が欲しいです」

彼は一言だけそう言った。お金とか、何か物が欲しいといった答えを想像していたので、これには不意を衝かれた。

サイコロほどに切り分け煮たもの（八木澤氏撮影）

強烈なタブーを犯して

約一時間後、サルキの牛肉料理ができあがった。特に料理に名はないそうで「煮たのと、焼いたのと、燻したの」と彼は説明した。

食べてみるが、うーん、特に味はない。トマトと煮込んだものも、少しカレー風味がするだけで、塩味もほとんどしない。煮たのも焼いたのも、ただマサラをかけただけなので、まずくはないが、うまくもない。

ただ「燻したの」は、うまい。塩味が効いている。保存するときは天日で干すというので、日本の「さいぼし」とほぼ同じだ。日本の被差別部落の食べ物であるさいぼしは、もともと牛肉を燻したり天日干しして作った、いわばビーフジャーキーのようなものだ。現在は牛肉よりも味のよい馬肉で作っているが、冷蔵庫のなかった昔は保存食として、牛肉でも作っていた。

コモルくんにも勧めるが、嫌な顔をするばかりで絶対に手を出そうとしない。八木澤は外国人なので食べても問題ないのだが、彼は今後もエクハテ村に来ることがある。そのため、村人に知られるとよくないということで食べなかった。わたしの場合は再びエクハテに来るとしてもサルキ一家に会うだけなので構わないのだが、八木澤の場合はへたをすると「あいつも穢れた」と、村人たちに忌避されてしまう危険があるのだ。

それにしても、強烈なタブーだ。ただ牛肉を食べるだけで、こんなにもヒリヒリした緊張感を味わうのは初めてだ。かつての日本もこのような雰囲気だったのだろうか。

わたしの次は、ゴビンダさんの番だ。スキヤキを食べてもらうことにした。日本料理は見るのも食べるのも初めてだから、目をむいて驚いている。シラタキと豆腐の形がおかしいと、しきりに笑う。

「ネパール人は料理に砂糖つかうのを嫌うから、どうかなあ」と、八木澤が心配そうに見ている。ゴビンダさんは箸を左右の手に一本ずつ持ち、持ち上げるようにしてスキヤキを口に運んだ。

「うん、おいしいです」

大方の予想に反して、ゴビンダさんはうまい、うまいとスキヤキを口に運んでいる。不思議そうに見つめる妻とその子供たち。

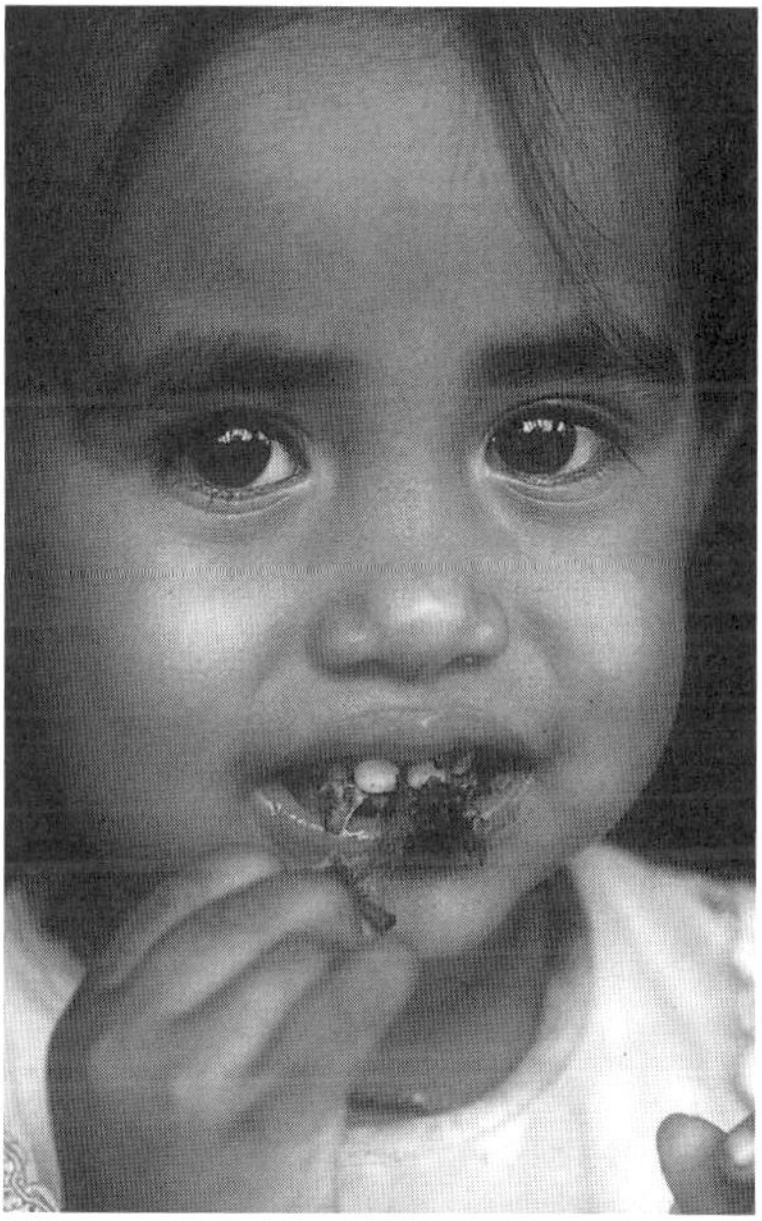

子供たちもスキヤキを食べる（八木澤氏撮影）

鍋に残った牛肉料理とスキヤキは、妻や子供たちが全部食べてしまった。

ジテの夢

礼をいってゴビンダ家を辞すると、わたしたちは再び、登ってきた山道をおりることにした。そして途中にある茶店の前を通ると、驚いたことに、そこにゴビンダ家の長男、あの足の不自由なジテがいた。

まるで昔の映画俳優のように、茶店の壁に寄りかかってじっとわたしたちを待っていた。さっき着ていたボロとは違う、派手なアロハシャツを着ている。

わたしは「どうしたの」と訊いた。これから町へ、弟たちの鉛筆やノートを買いに行くのだという。それでわたしたちを待ってくれていたのだ。この派手なアロハシャツは、彼が町へ行くときの衣装だった。

ゴビンダ家を辞するとき、わたしは若干の謝礼をゴビンダさんに渡していた。日本円で一〇〇〇円くらいだ。「その金でさっそく買いに行かせたんだな。本当に金がないみたいだったから」と八木澤が言う。ジテに訊くと、家には勉強する道具が鉛筆一本もないのだという。

足の不自由なジテに合わせて、わたしたちはゆっくりと山をおりながら、話をした。

「ジテ。お前、将来の夢とかあるのか」

「英語が話せるようになって、洋服屋ができたらいいな。でも無理だけど」

「そうか、君はなかなかお洒落だからな。そのシャツもなかなか似合ってるじゃないか。恋人はいるのか」

「いないよ。べつに欲しいとも思わない。女と歩くのも金がいるだろう？　だからいらない」

「牛肉はもう、食べてないのか」

「うん、俺は絶対に食べない。嫌いだし、差別されるから」

「まあ、その気持ちもわかるけどさ。俺は日本のサルキだけど、日本のサルキも牛肉食べて差別と闘ってきたんだから、君も誇りをもてばいいよ。病死牛はやめたほうがいいけど、牛肉があるときは食べたらいいよ」

ジテは、肯きながら言った。

「うん。牛はね、脚の裏側の肉がうまいんだよ」

彼は再び、歩きながらじっと地面を見ていた。

足が不自由なために、学校にも行けなかったジテ。サルキ差別と障害のために、彼は町で洋服屋を開くというささやかな夢さえ「無理」だと悟っている。

わたしはそんな彼に「サルキであることに誇りをもて」と言ったのだが、このような現状でいったい、どう彼が誇りをもてるというのだろうか。わたしも、地面を見ながら歩いた。

ジテがぽつりと言った。

「家に来てくれて、本当はすごく嬉しかった。今まで家に来てくれた人もいなかったし、一緒に牛肉食べてくれる人なんて、一人もいなかったから」

わたしは「そうか」と答えるのが精一杯だった。

それから二年後、再びエクハテのゴビンダ家を訪ねた。しかし、もうそこにジテの姿はなかった。家族の話によると、ポカラの町に出て行ったきり、もう半年も帰ってこないのだという。

足さえ不自由でなかったら、自分もマオイスト（毛沢東主義の武装組織）のゲリラ部隊に入って戦いたいと言っていたジテ。

その後、再び聞いたところでは、あの不自由な足を引きずって、父と同じように、インドへ出稼ぎに行ったのだという。

カトマンズのサルキ集落

カトマンズ最大のサルキ集落に、サルキ・トゥールがある。直訳すれば「サルキ部落」となる。タクシーに乗って「サルキ・トゥールへ行ってくれ」というと連れて行ってくれるほど、カトマンズ市内ではよく知られている。

このカトマンズのサルキ・トゥールには現在、一三〇世帯ほどのサルキが住んでいる。人口は定かでないが、大家族が多いネパールのことだから、五〇〇から一〇〇〇人ほどであろうか。ネパールの不可触民は、村ごとに少数点在しているのが一般的だから、ここはかなりの規模だ。おそらくネパール一のサルキ集落といえよう。

ここに住むゴルチェ・サルキ氏は、サルキ初、いやネパール不可触民初の国会議員である。

初めてお会いしたのは、彼の自宅だった。薄汚れたシャツを着た男が、その当人だった。国会議員なのに、気取りなどまったくない。どことなく刑事コロンボにも似ている。「五一歳になります。生まれも育ちもここカトマンズです。わたしが生まれた当時はカ

不可触民初の国会議員ゴルチェ氏（八木澤氏撮影）

トマンズもまだ畑が多く、この辺りも家が二、三軒しかありませんでした。
わたしたち不可触民は、政治的にも宗教的にも、社会的にもすべての面において最下層におかれています。昔から人の畑を耕して暮らしてきました。上のカーストが言うことには、何でも従わねばなりませんでした」

これは、昔の被差別部落も同じだった。エタ系部落民も普段は農業をしていて、死牛馬が出ると解体作業に出る兼業が大半だった。ただネパールでは、現在もいわゆる〝農奴制〟と同じ労働形態が温存されているため、状況は日本よりも厳しいといえる。

「ここではもう、ほとんどの人が牛肉を食べていません。サルキが差別される一番の原因は、牛肉を食べるからです。それに病死牛は健康に悪いため、食べないよう呼びかけています。サルキは病死した臭い牛を解体し、食べることを強制させられてきたのですから、そうした事実には反対すべきです」

昔はヒンドゥー教徒もみな、牛肉を食べていたといわれている。それが食べなくなった理由には、もともと牛が重要な家畜で富の象徴だったこともあり、仏教の殺生観も影響して食べなくなったのではないかと考えられている。

これは当時の支配者であるアーリア人による政策・教義として決められたが、当初、一般庶民はほとんど従わなかったという。「四足の動物は食べない」といわれてきた日日本においても、実際は庶民レベルでひそかに食べられてきた経緯があるのと同じだ。

そこで牛を食べることをタブーとするため、不可触民がその役割を担わされることになった。牛をタブーとすることで、それに関わる人々を穢れていると〝見せしめ〟にすることで、一般民衆に牛肉食を忌避させる思想を広めさせる。そしてアーリア人はさらに菜食主義的傾向を強め、自らの神秘性を高めるようになったのである。

これらインド地方で確立された教義と思想は、ネパールに侵攻したアーリア人によって広められた。ネパールではその〝見せしめ〟となった不可触民を、サルキと呼ぶようになったのである。

特に牛の解体や皮革加工は、殺生を戒める教えを信じる庶民には、視覚的にも直接うったえる力をもっている。庶民に〝浄・穢〟の思想を身につけさせるには、かっこうの見せ物になったと考えられている。だから牛の解体をするサルキは非常に穢れているとして、現在でも不可触民の間では最底辺におかれている。

この〝浄・穢〟の考え方は中国、朝鮮を経由して日本にも伝播し、被差別部落を形成する思想の元となったと考えられている。

わたしはゴルチェ氏に、これまでどんな差別を受けたかを訊ねた。

「それはもう、いっぱいありすぎて。つらい思い出ばかりです。以前は堂々と道も歩けませんでした。身をかがめて歩かねばならず、前から人がきたら道をあけなければなりませんでした。サルキに重傷を負わせたり殺したとしても、その男は裁判でごく軽い刑しか受けませんでした。道を歩いていると突然、石を投げられたり、顔が誰かわからなくなるまで殴られたり、指を一本ずつ折られたり。

勉強ができなかったのも、つらい思い出です。わたしたちの両親の世代は、学校に行くこともできませんでした。わたしの世代になっても、不可触民ということで校舎に入れてもらえないのです。ですからいつも、教室の窓の外に立って勉強していました。しかし、ちょうどわたしの世代から教育の必要性がいわれるようになり、それでサルキであっても勉強するようになったのです。それでも服を買うのはもちろん、勉強道具を買う金すらありませんでした。

だからいつも着の身着のままで、教室の窓の外に立っていました。たいていの教師はブラーマンですから、本当にわたしたちに触ろうともしませんでしたよ」

国会議員である彼の生い立ちは、サルキとしてはごく一般的なものであるといえる。たいてい七歳ごろから両親の畑仕事を手伝うのだが、ゴルチェ氏もそうだった。一一歳で靴の縫い方を覚えて靴工場へ働きに出た。二〇歳で独立したが、一時は皮革関係から離れようとトラックやタクシーの運転手の仕事に就いたこともある。しかしサルキだとわかると、客から差別されたり嫌がらせを受けるため、それも数年でやめた。以後はニューロードというカトマンズの繁華街で、靴磨きや修理の仕事をしていた。

その頃、活発な地下活動を行っていたネパール共産党ＭＬ（マルクス・レーニン）派の活動に参加するようになる。そして二九歳のとき、不可触民として初めてカトマンズ市長選に立候補。かなりの票を得たが、不正や選挙妨害で敗れている。このときは国王がゴルチェ氏反対を表明するなど、荒れに荒れた選挙になったという。

地下活動中に市長選に立候補するのは無謀ではないか？ と訊ねると「家に放火されましたが、なあに、自由の勝利というやつですよ」と笑った。その堂々たる強さには〝ネパールの松本治一郎〟（水平社時代から活躍していた部落解放運動家、元参議院副議長）といった風格がある。

一九九〇年にはネパール民主化が実現、それにともなって共産党も合法化された。民主化後はネパール共産党ML派の国会議員として、サルキだけでなく、さまざまな不可触民たちのリーダーとして活動している。

日本でML派などというと左翼過激派による暴力革命的なイメージがあるが、ネパールはそうではない。同じ共産党でも毛沢東主義派（マオイスト）が武装闘争を展開したこともあり、そちらが「過激派」として捉えられている。

国会内でも、差別などは激しいのだろうか。

「具体的な実害はどうということはありませんが、実際の対応はひどいものです。態度とかそういうことでわかります。カースト解放についても口ではみんな賛成するのですが、議員はみなたいてい高いカーストなので、本当にそれについて行動しようなんて人は皆無ですよ。これはカースト解放を掲げているマオイストもそうです。マオイストの幹部はみんな高位カーストですよ。『差別はダメですよ』と口で言うだけで何もしません。

ですから、ネパールでのカースト解放運動の状況は大変厳しいといえます。不可触民解放運動の組織もありますが、実質的な活動はしていません。でも選挙のときだけ動くので、これも問題です」

「牛肉を食べていたときのことを伺いたいのですけど、何か特別な、サルキの料理はありましたか」

「特別な料理というのはないと思いますけどねえ。煮たり焼いたり、あとは肉を干したりするくらいで。ただ病死牛は臭いが強いので、モリッジとティモールという香辛料をたくさん使って料理します」

一般的なネパール料理にもこの香辛料は入っているのだが、サルキは特にこれをたくさん使うという。持ってきてもらって味見してみたが、その香りから日本でいう山椒の類のようである。かなり辛い。

解体方法は、皮の剥ぎ方が若干ながらポカラ・エクハテ村のそれとは違うくらいで、だいたい同じであった。家族ごとに五キロほどの肉塊で分け合い、一キロはすぐに料理して食べ、残りの四キロは干してから料理するという。解体作業は子供のときに何度も手伝ったそうだ。

「どこの部分が好きですか」

「わたしは腿の内側の肉が一番好きでしたね。ここは臭いも少ないし。内臓も全部食べますよ」

「日本のサルキ（被差別部落）には、腸を揚げて保存する食べ物があるのですが、そうした料理方法はしませんか」

「腸ですか。そういえばネパールでも、腸に棒を突っ込んで裏返しにして洗ってから、揚げてそのまま食べたり、保存したりしましたよ」

それは「あぶらかす」のことではないか。やはり被差別民の料理は、共通点が多いようだ。

「胆嚢《たんのう》はいかがですか。日本では薬として珍重した歴史があります」

「ええ、覚えてますよ。年寄りたちは胆嚢を薬になると言って天日干しにしてましたね。

こちらでは傷にぬると良いと言ってました」

そう言って、彼もその共通点に驚いている。

そこでわたしはゴルチェ氏に、今でも死牛の処理をしてその肉を食べているサルキはいないか、と訊ねてみた。

エクハテ村のゴビンダ一家も、おそらく民主化以後、ゴルチェ氏らによる宣伝活動が功を奏して牛肉食をやめてしまったのだろうが、わたしはぜひ、今でも食べているサルキに会いたいと思っていた。また牛肉も、インドで外国人向けに輸出している冷凍肉ではなく、実際の病死牛や自然死した牛の肉を食べてみたいと考えたのだ。

しかし「うーん、今はいないと思うけどなあ」とゴルチェ氏は渋い顔だ。

それもそのはずで、差別されるから牛肉を食べるなと全国を遊説してまわっているのに、今でも頑固に食べているサルキを紹介しろと言っているのだから、いい顔はしない。

「現在の日本では肉食はタブーではない、ただ日本の被差別部落と類似点が多いサルキの食文化を知りたいだけで他意はない」と説明すると、彼もようやく「以前、選挙のときにまわった地区では、確か今でも食べているはずだ」と了承してくれた。

ネパールの「さいぼし」

その、昔ながらのサルキたちが住む場所はカトマンズから四時間ほど、シンドゥパル・チョーク郡のドゥンゲチャ村というところである。ここは東ネパールの最貧困地区で、人身売買でも有名な地区だ。

前述したポカラ・エクハテ村でもそうだったが、ネパールでは徒歩やオフロード車でないと行けない地区が多い。今回もオフロード・バイクで行けるところまで行き、そこからは徒歩で行くしかないとのことだった。

早朝にカトマンズを出発、町を抜け平坦なダート道を一時間ほど走ると、やがて山道に入った。道路幅は車一台が通れるくらいだからまだ広い方だが、ひどい急斜面の凸凹道だ。それでもバスが通っているのだから驚く。バスは外観こそ払い下げのボロだが、車高を高くして足回りをオフロード仕様にしてある特殊なバスだ。それが今にも横倒しにならんとしながらゆっくり山道を登っていく。

オフロード・バイクで、次々と徒歩の村人やバスを抜いていく。途中の茶店で休憩をとると、彼方に世界最高峰のチョモランマが見えた。

この茶店のある村に、ほぼ全壊して廃屋となっている建物があった。訊いてみると、マオイスト・ゲリラが警察署を襲撃した跡だという。山間の貧困地区はマオイストの活動拠点になっている。この辺りは現在、無政府にちかい状態になっている。

最寄りの村に立ち寄り、そこでバイクを置かせてもらうことになった。ここからは徒歩だ。

糖尿病で心臓もよくないゴルチェ氏に合わせて、ゆっくり歩く。周囲は山岳地帯で、平地はほとんどない。段々畑が広がり、少しだが田んぼで米も作っていた。

反対側の山の斜面に、白壁の家が散在しているのが見えた。「あれがサルキ集落だ」とゴルチェ氏が喘ぎながら指差す。白壁の家はぜんぶサルキの家だという。遠目からでも、区別できるようにしてあるのだ。

またしても〝橋のない川〟を渡渉してサルキ集落に向かう。徒歩で一時間、カトマンズからは片道四時間ほどかかった計算だ。

わたしたちが訪問した家は、サヌチョンドラ・バハドゥール・ロカさん一家。主のサヌチョンドラさんは三六歳、その妻ディリクマリさんに年齢を訊くと「たぶん二六歳くらい」だと答えた。一六歳をかしらに四人の子供がいる。サヌチョンドラさんの父で、「六九歳くらい」というキシュナ老を含めた七人で暮らしている。ネパールの田舎でよく見る、土壁の家だ。

サヌチョンドラさんのカースト名は、サルキではなく、ロカという。どうしてかと訊ねると、「ロカ」とは、サルキの一つの種類なのだそうだ。ブラーマンにもいろいろな種類があるように、サルキの中にもいろいろな種類があるのだ。

ではゴルチェ氏は、と訊くと「アチャミ」というサルキなのだそう。この分だと、そのアチャミの中にさらにカーストがありそうだ。

集落のサルキたちが集まってきた。みんなわいわいと賑やかに我々を取り囲むなか、わたしはサヌチョンドラさんに話を聞いた。

このサルキ集落には三五戸の家があり、だいたい二〇〇人ほどが生活している。みんな農業をしているが、靴修理などの仕事でカトマンズへ行くこともあり、今は村から二人が行っているという。

現金収入は年に二~三〇〇〇ルピー（だいたい四〇〇〇円程度）。主に牛の皮革を加工した道具を売って現金収入を得ている。作るのは牛に付ける農具用の革製品や、ナムロという、荷物運びのときに頭に引っ掛ける革バンドなどだ。

畑ではトウモロコシと雑穀、それに若干だが米も作っている。「米が一番うまいけど、一週間に一度しか食べられないよ」とサヌチョンドラさんは話す。

「どんな差別がありましたか」

「今はないけど、昔はひどかったよ。石投げられたりして」

そう話すサヌチョンドラさんに代わって、父のキシュナ老が昔の差別について語ってくれた。

「サルキはこっち来るなって言われたり、殴られることもしょっちゅうでしたよ。それで大怪我しても放っておかれるだけだし。バウン（ブラーマン）が通ると、ずっと土下座して待つんだ。今でも上のカーストはわたしたちの家に来ることはあっても、一緒に飲んだり食べたりしない。学校だって、今でも行けないんだ」

わたしは病死牛について訊いた。

「病死の牛はまずいし健康にも悪いから、今は食べてないよ。この辺は年に多いときで七頭くらいの牛が虎に襲われて死ぬので、牛にはそう困ってないんだ。あと崖から落ちて死んだ牛とかも食べるよ」

牛肉食の話をしていると、嬉しいことに、ちょうど三日前に虎に襲われて死んだ牛の肉が残っているという。さっそく出してくれることになった。

「もう少し早く来てれば、新鮮なのを食べられたのになあ」

とみんな残念がってくれる。残った肉は干し肉にしてある。このままでは硬くて食べられないので、軽くあぶってくれるという。

これはしかし、日本の被差別部落で食べられている「さいぼし」とまるで同じではないか。日本では今でこそ味や風味のために馬肉に代わっているが、戦前までは被差別部落もこの天日干しさいぼしを食べていた。牛肉のさいぼしは天日干しにするとカチカチに硬くなるので、木槌で叩いたり直火であぶったりして食べていたのだが、ネパールでは今でもあぶって食べている。

その〝ネパール版さいぼし〟が、食器代わりの大きな葉っぱに盛られて出てきた。粗塩とともに食べる。

一口つまんでみるが、何ともいえない牛肉独特の臭みが強く、いくつもは食べられない。特に脂身がひどく臭う。

ちゃんと血抜きされていないので、臭いが肉にまわってしまっているのだ。ただ味はビーフジャーキーそのもので、悪くない。それにしても、ひどい風味だ。

ゴルチェ氏も「何年ぶりだろうな」とつぶやきながら口に運ぶ。興味をもって反応を見ていると「やっぱり牛肉はうまいなあ」と次々に肉のかけらを口へもっていく。

「実は、今でも仕事で外国へ出たときは食べるんだよ。韓国の牛肉はうまかったなあ」

国外へ出る機会の多いネパール知識人の中には、ブラーマンでも牛肉を食べる人がいる。公式の場では別だが、知識人の間では牛肉を食べるということがタブーでなくなってきている。

わたしたちが残したので、他はみんなが分けて食べてしまった。この干し肉はこのようにそのままでも食べるが、スープにしたり炒めたりして食べることもあるという。

ゴルチェ氏は村人に「誰かこの村で、カトマンズの自分の家でお手伝いさんとして働く女の子はいないか」と訊いている。最近は彼も、夫人とともに糖尿病のために具合がよくないので、家事をする人が必要なのだ。彼の息子はアメリカへ移住していない。

「なんだか、人買いのおっさんみたいだなあ」と、八木澤と不謹慎にも苦笑いしていると、ゴルチェ氏が「ウェハラも、ぜひサルキから嫁をもらえ」と勧めてきた。八木澤夫人がネパール人だということもあって勧めてきたのだが、その申し出にわたしはびっくりした。「今度はいつくるんだ。次にくるときまでに器量の良いサルキ娘を探しておいてやる」としつこいので、本気だとわかる。
丁重に断ったが、そこまで言われて悪い気はしなかった。

第五章　被差別の食卓——日本

団地からの風景

「あれ、牛さんの声なん？」

そう訊くと、母は自転車を出しながら「そうや」と短く言った。

いつも、朝はそうだった。いつも朝出かけるとき、団地のドアを開けると、ギャーともギエーともつかない獣たちの悲鳴が、朝の静寂を切り裂いているのだった。血と脂が発酵した、肥料のような臭いが風にのって鼻をくすぐった。わたしたちはいつものように自転車に乗って朝、出かけようとしていた。わたしは毎朝、出かけるときに屠場から聞こえてくるそんな牛や豚の悲鳴が、とても憂鬱でしょうがなかった。

「牛さん、殺されるから泣いてんの？」

「そうや」

可哀想やな、とはしかし、思っても言わなかった。わたしの家も含めて、この辺りの多くの人たちがそれでメシを食っていることを、子供ながらに知っていたからである。

灰色のコンクリート階段の下から、母が自転車をガタゴトと出してきた。これからわたしを荷台に乗せて仕事場へ向かうのだ。そして途中にある保育所に、わたしを落としていくのだった。いつも朝はそうだった。

「なんやねん、ちりめんジャコやったら何千匹殺してもええのに、なんで牛とか豚やったら差別されなあかんねん」

肉店のおばちゃんは、いつもそう言っていた。至言ではあるが、現実ではやっぱり差別されるのだった。ただ「むら」に住んでいるというだけで。

わたしが子供のころ、むらの端を流れる川には、近くの肉工場から流された血の線がゆらゆらとのびていた。ドブ川には、牛舎から逃げ出した子牛が突っ伏して死んでいた。草っぱらには犬が拾ってきたのか、まだ肉のついた牛の足骨が転がっていた。

こうしたわたしの幼い頃、いまから約三〇年前の情景を描くことで、むらに対して偏見をもつ人もいるかもしれない。しかし現在のむらはもう、以前の差別と貧困にいじめられたスラム的な姿ではない。現在の被差別部落問題は、そこに住む部落民自身をも内包し、さらに複雑な様相を呈している。

今日では環境改善事業が実施され、むらにあった古い屠場は移転し改築された。道路も舗装され、ただ空き地だけが余白のように寒々と残っている。血と脂の臭いは草いきれになり、路地はまるで貴重な湿原地帯のように所々しかない。他の一般地区と大差ない風景になったが、同時に、過疎化のすすむ殺風景な田舎町のようになってしまった。

この三〇年、日本中のどことも同じように、むらの風景も大きく変わった。

この日本に、そんな一キロないし五〇〇メートル四方の地域でだけ食べられている食べ物があった。

それらは被差別部落のうちでも、おもに関西方面で盛んに食べられている。東日本の被差別部落ではほとんど知られていない。西日本でも中国や四国、九州までいくと、関西地方とつながりのある地域では食べているむらもあるが、食べていないところも多い。その中には近代に入った頃に、差別されるからと、それらの食文化を捨て去ったむらもあるという。

こうした〝むらのソウルフード〟はだから、日本のすべての被差別部落で食されているのではない。主に関西地方を中心にして食されているのだ。

関西のむらでよく食べられているというのは、それらむらの食べ物が牛肉に関係していることと、あながち無関係ではあるまい。関西では肉といえば牛肉のことを指すくらい、牛肉は一般的な食材だ。

しかし、それらが「むら」から「むら」へと伝えられているにもかかわらず、その間にあった村や町など、道路一本隔てた一般地区では、その存在自体がまったく知られていなかった。この事実は同時に、むらが過去においてどれほど一般地区から隔絶し孤立させられてきたかを物語っている。だからこそ「むら」は「むら」であり続けたのだろう。

わたしの家系は、神話で知られる旧南王子村、現在の和泉市の被差別部落からこの地に養子にきたところからはじまっている。そしてわたしの祖父は京都・天橋立の近くにある被差別部落から嫁をもらい、わたしの父が生まれた。

むらではこのように、わたしの祖父母の時代までは、近くのむらから嫁や養子をもらって縁組をしていた。差別のため、一般地区の人とは結婚できなかったからである。

むら同士はこうした中で交流を深め、人や文化と同時に、食べ物や料理も広がっていったのである。

こうした「むらの食べ物」の多くは、冷蔵庫のない時代から食べられてきたので、ある程度の保存がきき、そして高カロリーである。そこには食べにくい食材をおいしく食べられるようにし、なおかつ長期保存を可能にしようという、被差別の民の知恵と工夫がこもっている。

日本版ビーフジャーキー「さいぼし」

年寄りに簡単な聞き取りをしてみると、自分の生まれたむらではあっても、わたしの知らない料理もあった。昔は茶粥やみそ粥などもよく食べたそうだが、わたしは見たこともない。今も食べているのは、ごく一部の年寄りに限られるだろう。

今はもう食べなくなったむらの料理に「ミノのすき焼き」がある。すき焼きとはいうが、あの一般的なすき焼きとはまったく別のものだ。野菜とミノ（牛の第一胃）をしょうゆで煮るだけ。すき焼きとの最大の違いは、砂糖を入れないことだろう。だから、どちらかといえば「ミノ煮」といったほうが実情にちかい。同じミノでも、身の厚い部分は商品になるので、余ったペラペラのかたい部分をすき焼きにしたという。昔は砂糖が

フク（牛の肺臓）の天ぷら

高価だったので入れなかったのと、それでも豪勢にいきたいということで「すき焼き」と名づけたのだろう。

内臓でいえば、フクの天ぷらがある。フクというのは牛の肺臓のことで、これをスライスして天ぷらにする。わたしは今でも、これがフクのもっともうまい食べ方だと思う。フクは煮ると膨らむのであまり見栄えがよくないのだが、天ぷらにすると赤身の肉のようになり食べやすい。天ぷらは、ミノなども含めた内臓一般にとても合う料理方法だ。

ただ、フクの天ぷらは家では作らない。屠場に併設してある食堂で売っているので、親父がよくおやつ代わりに買ってきた。下町らしく、これにソースをかけてよく食べていた。

わたしにとっては、このフクの天ぷらとさいぼしが、おやつとしては最高のものであった。

さいぼしというのは、日本版ビーフジャーキーといえばわかりやすいだろうか。

わたしの生まれた更池は、江戸時代まで農業のかたわら死牛馬の処理を担ってきた。皮を剝いでなめし、それで丈夫な革をつくった。そして、そのあとに残った肉を食べていたのである。冷蔵庫などない時代だったから、肉はさまざまな方法で保存されるようになる。今日残っているむら料理は、そのほとんどが保存食といえるものだ。その中の一つにさいぼしがあった。

作り方は簡単で、薄くスライスした牛の肉片に塩をすり込み、二日ほど天日干しするのだ。冬だと天気の良い日を選んで一週間ほど干すと出来上がる。

しかし、わたしはこれを食べたことがない。この牛肉のさいぼしを食べていたのは、更池でも恐らく、戦後しばらくの間までだろう。

わたしがいつも食べていたのは、馬肉のさいぼしである。だからさいぼしというと、わたしの世代では馬肉のことを指す。こちらの方が柔らかくて旨みがある。

反対に牛肉のさいぼしは、市販のビーフジャーキーを食べてみればわかるが、とても固い。それでも市販のものは柔らかく加工してあるが、前述のような素朴な製法で作ったものは、そのままで食べられる代物ではない。実際、木槌で叩いてから食べることもあったという。ネパールでも、同様のものをあぶって柔らかくしてから食べていた。

さいぼしがどんぶりで出てくると、最高の〝おやつ〟となる。母は細切りにした馬肉のさいぼしを、薄めた醬油と細切り生姜で和えてどんぶりで出してくれた。そのままでもうまいが、水で薄めた醬油と生姜に漬け込んで食べると飽きがこない。

さいぼしの語源は、確かなことはわかっていないのだが「細干し」とも「竿干し」だとも言われている。竿で干していたのでその名がついた、というのがいかにもそれっぽいのだが、実際のところはわからない。

兵庫県尼崎には「さいぼし刻んで生姜醬油かけて、白メシ盛り上げて食てみたい、こうい、こうい」という子守唄が伝わっている。それほど旨いということだ。「泣く子にさいぼしをあげると泣き止む」とも言われている。

現在のさいぼしは燻製にしてあるので、よい風味が味わえる。その食感は、外は固く中は柔らかい。ビーフジャーキーというよりは、ハムのようだと形容したほうが実感にちかい。馬肉なのでクセもほとんど感じない。だからあぶらかすと違って、初めての人も好む味だ。一説によると鹿、馬、牛の順で味が落ちると言われている。

更池にさいぼしの老舗がある。わたしが幼い頃から食べていたさいぼしを作っている店だ。

ずいぶん前に紹介者を介して取材を申し込んだが、拒否されていた。わたしの親父はここの常連なのだが、そんなことは歯牙にもかけない。しかし、しばらくたってから駄目で元々ともう一度行くと、「しゃあないな」と話を聞かせてくれた。

職人肌なうえに気難しいところがあるのは、むらの食べ物を作っているという事情も絡んでいるだけに致し方ないだろう。

経営者でもあるおばさん二人と手伝いの女性、そして息子の四人で作っている。元々「女の仕事」と言われていたというが、跡継ぎとして息子が手伝っている。

「作り方はな、今は燻製にするけど、昔は天日干しもやってた。塩して、干してな。せやけど、寒いところやったら天日でもできるけどな、ここいらはあったかいさかい、ウジがわいて不衛生やから、今はやってへんねん。天日干しは細いカツオ節みたいになる。それを触って出来を確かめんねん。出来上がったら火であぶりながら、トンカチで叩いて柔らかくしてから食べるんや。まあ、昔の話やな」

現在の燻製にするさいぼしの作り方だが、まず肉の部位はバラ、カイノミ、ロースなどを使う。もっとも旨いのは、マグロのトロのように脂がのったカイノミだ。ただ少し固いので、焼肉などでも最高級まで位置づけられていない。しかし、こうした肉がさいぼしにもっとも適している。

味付けは、基本的には塩のみ。あとの仕込みに関しては一切、秘密だ。となりのむらでは味付けに醬油やみりんを使うのだが、「うっとこ（うち）は肉質がええから、塩だけや」とおばさんは言う。

馬肉は熊本や北海道などから取り寄せている。熊本の場合は、名物の馬刺しにする部分を取り除いたものが空輸されてくるのだが、年々、値段も上がってきているという。肉が届いたら、まず適当に切り分ける。それから「スジ引き」と言われる、スジを徹底的に取り除く作業に入る。スジが入っていると食感が悪くなるからだ。

それから味付けに入るが、これは秘密だ。基本的には塩加減がもっとも重要で、肉の厚みなどで変える。

それから燻製の工程に入る。燻製に使うシワ（薪）はクヌギとサクラ。肉を鉄串に刺して、「ちんちょう」と呼ばれるS字の吊り下げ用具に吊るす。これを一メートル四方ほどの土窯の中に仕掛ける。その上からむしろをかぶせて約三時間、じっくりと燻しあげるのだ。

「まあ、簡単やいうたら簡単やな。せやけど難しい、いうたら難しいな。絵ぇかくのといっしょや。自分の手で絵ぇかいて、うまいこといかんかったら次ちょっと変えてな。その繰り返しや。

さいぼし作りで大事なんは、やっぱり肉質やな。それから塩加減と腕。その日の天気によっても変わってくるしな。塩も普通の塩とちゃうで。これは秘密やけど」

値段は一〇〇グラムあたり六〇〇円から一〇〇〇円以上する。この違いは肉質による。馬肉も良い部分は手に入りにくくなったので、もはや高級品である。むらの人からも「あぶらかすもさいぼしも、高うなったわ」と嘆く声をよく聞くようになった。

「有名人もよう買いに来るで。競輪選手、芸能人、モデル、医者。全国から買いにくる。まあ有名人は〝かくれ同和〟の人が多いわな」

おばさんはそう言うと、悪戯っぽく笑った。〝かくれ同和〟などという言葉は初めて聞いたが、何とも陰湿な響きだ。今もまだ、部落出身であるということに偏見をもたれている証拠だろう。さいぼしは、自分の出自を隠している人も買いにくるくらいの、誰もが認めるおいしさだということだ。

〝むら〟のファーストフード

むらの中にあった親父の肉店で、わたしは幼いころからよく遊んでいた。十代になると、肉店の年末は目が回るほど忙しくなるので、よく手伝いに行っていた。あまりの重労働に、夕方には体がへとへとになる。特に年末は毎朝七時から夜一〇時ごろまで働く。そのうえ普通の仕事と違って精肉をあつかうため、工場内は冬だというのに暖房がなく、しかもたびたび冷蔵庫や冷凍庫に出入りするので、体への負担が大きい。わたしは小学生のときからそうした作業を手伝っていた。

同じように働いている人たちも、疲労でいらいらしていたのだろう、ときおり従業員同士、喧嘩になることもあった。〝肉仕事〟をしている男の体は筋張って屈強だ。ごつい体の男たちが、脂でぬるぬるするコンクリートの上を転がりまわっているのを止めるのは、非常に骨のおれることであった。

しかしいま思えば、目前にある肉切り包丁をとって喧嘩する者が誰一人いなかったのは、そうした一定のルールのようなものがあったのだろう。そしていつも包丁を持ち出すのは「社長」と呼ばれる親父の役目で、親父はさっきまでロースの塊をカットするた

めに持っていた、専門の研ぎ師によってよく研がれた、長細い包丁を振り回しながら、

「お前らそんなに喧嘩したいんやったら、ほんまもんのヤクザ呼んだるからそれとやらんかい！」

と一喝する。親父なら本当に「ほんまもんのヤクザ」を呼びかねないと知っている男たちは、苦笑いしながら離れ、それぞれの所定位置に散っていく。そうしたときの喧嘩は、いつ終わるともしれない過酷な労働のうっぷんを晴らす、一つのはけ口なのだった。

「大丈夫？」とわたしが聞くと、

「社長、包丁もってくんねんもんなあ。勝てるわけないやん」

さっきまで床に転がっていた彼は、そう言いながら苦笑いし、腰についた脂片を指でつまんで床に落とすのだった。

しかし、やがてそうした〝刺激〟も効かなくなり、どうしようもない倦怠感が全身をおおうようになる。親父は一代で肉工場を立ち上げた叩きあげの男だから、従業員に対する気配りという意味では鈍感であった。

外も暗くなり、もうぶっ倒れるのではないかと思った頃、親父がいなくなったのを見計らい、古参の従業員が「な、よっちゃん。これでちょっとそこまで買いに行ってくれ

へんか」と、千円札をわたしに握らせた。

わたしがそれで買えるだけのカップ酒を買って帰ると、ちょっとした酒盛りとなる。皆、ぱかっと蓋をとって二口ほどで空にしてしまう。「よっちゃんも呑み」と中学生だったわたしにもそれは渡され、おかげで秘密を共有させられることになる。

その頃まったく飲めなかった酒も、あまりの疲労からか、不思議とおいしく感じられた。わたしが空にしたころには、もう他の人はそれぞれの部署について仕事を始めている。

わたしも、肉塊を真空パックしていく下っ端の作業を再開すると、やがて体がぽかぽかと温まり、さっと顔に血の気がさすようになる。さっきまで石の地蔵のように強張っていた体の節々がやわらかくなり、また仕事ができるようになる。わたしはこのとき、かつて社会の底辺に位置する肉体労働者になぜアルコール依存症が多かったのか、理解できたのだった。

そして夜七時くらいになると、ちかくの食堂から夕食が運ばれてくる。

それはきまって、おでんそばだった。

理由は温かいことと、一刻も早く食べられるからだ。おでんに中華そばを入れたものだから「おでんそば」と呼んでいた。ただ、わたしの家では、母がおでんに中華そばを入れるのを気味悪がったのでうどんを入れていた。確かにうどんの方が一般的にも食べやすい。母は堺の一般地区からこのむらに嫁いできた人だから、むらの食べ物に違和感を覚えたのも無理なかった。

しかしむらでは、あくまでおでんには中華そばを入れる。おでんのだしで煮た中華そばの上に、三品ほどの練り物がのっているそれは、冬の寒気と冷蔵庫で冷え切った体には、なんともいえず旨いものである。

これをむらの、被差別部落の食事としていいのかどうか。微妙なところではあるけども、うどんを入れる一般家庭もあるとは思うが、おでんに中華そばを入れるのは、やはりむらのソウルフードだといって良いだろう。

このおでんそば、大阪では堺の食堂のそれが有名である。

その食堂がある堺のむらには、一戸建てがほとんどない。典型的な都市型被差別部落である。以前までは古いボロ家ばかりでスラム化していたため、そうした古いボロ屋を潰しそこに団地を建てて住民を移したのだ。

堺は昔から貿易港として栄えていた。大阪にあってもっともハイカラな土地柄として知られ、このむらからも多くの著名人を輩出している。なかでも将棋界で「王将」と称えられた阪田三吉はよく知られた人物である、むらの資料館には、彼に関する常設展示を見学することができる。

わたしがその食堂を知ったのはまったくの偶然で、用事で寄った際に、「昼メシ食うんやったらここやで」と教えられたのが食堂Mであった。

以前にもむらの中にある病院に入院していた友人から「病院の前にあった食堂でラーメンの出前たのんだら、おでんのラーメンがきてびっくりした」と聞いていたのだが、それはこの食堂のことだろう。

余談だが、西日本のむらにあるお好み焼き屋では、ホルモンを入れることが多い。関西ではあぶらかす入りを見かけることもある。また、ホルモンは安くて食いで（食べがい）があるので、むらではよく好まれる。

食堂Mは朝六時には開店している。むらでは肉体労働者が多く、朝から精をつけるためしっかり食べる必要があるからだ。もともとは地区内にあった屠場労働者のために朝早くから開けるようになったのだが、屠場がなくなった今も、早朝から開けている。だから午後二時にはもう店じまいだ。堺ではおでんそばのことを「つけめん」と呼ぶ。

Mのおでんはむらの中でも有名で、ここのおでんがうまいために、このむらでは家でおでんを作らないと言われているほどだ。皆どんぶりを持参して、家に持って帰る。

「うちはまだ味でもってるけど、他の食堂なんかみんな閉めてもうたもんな。もうどっこもガラガラや。景気も悪いし、どないもなれへん」

店主のおばさんは、そう気さくに話した。

つけめんは、おでん五品で五〇〇円。つまりおでん一品一〇〇円でつけめんが食べれることになる。しかし、おでんはふつう三品くらいにするので、三〇〇円ほどと考えたほうが良い。このように、むらの食堂はたいていてい非常に安い。やはり貧しい層が多いので、どうしても薄利多売になる。わたしはビールとつけめんを注文した。

「あんた、どこの子や」

カウンターの隣の席でだべっていた、常連らしき婆さんが話しかけてきた。三〇歳を越えたわたしも、むらの婆さんの前ではまだ子供だ。他に二人の老人がいる。見慣れないのに親しげに話すわたしを、いぶかしんだのだろう。

「生まれは更池ですねんけど、今は東京に住んでますねん」

「はあ、更池の子かいな。今は東京に住んどんのかいな。東京にはいつ戻んのんな」

「もう今日、これから飛行機で戻るとこですわ」

「はあ、おとろしよ。今から飛行機のって東京、行くねんて」

向こうで三人仲良く、更池と東京の話で持ちきりだ。

更池というのは、今はもう地図にもない地名で一般的にはまったく通じないが、このように大阪の部落民同士では今でも通じる。

ここのつけめんの味だが、きわめて上品である。だしを贅沢にとり、しょうゆは少ない。確かに、家でつくるよりもうまい。東京で「名店」といわれる店のおでんも食べたことがあるが、味ではこの食堂のおでんの方が上だと思った。

その旨を店主のおばさんに伝えると、彼女は「そうか」と、さして嬉しくもなさそうに答えた。お世辞だと、思われたのかもしれない。

肉ようかん「こうごり」

戦前にあった部落解放運動の組織は「水平社」といった。現在の「部落解放同盟」の前身である。

よく誤解されるのだが「部落」というのは、日本ではもともと一般的な集落の意味であり、同和地区を指す言葉ではない。「被差別部落」の略称として、便宜上「部落」としているだけだ。部落解放同盟という組織があるので余計にややこしいが、一般的にいう「部落」という言葉には、集落という意味しかない。

その部落解放同盟の前身である水平社は、奈良県の部落から誕生した。かの地にはそれを記念して水平社博物館が建てられている。その博物館の前を流れるのは、故・住井すゑの名作「橋のない川」の舞台となった川である。川にはいま、立派な橋が架かっている。

その博物館の近くにMという食堂がある。そこでわたしは、こうごりを食べた。

こうごりというのは、煮こごりのことだ。魚の煮こごりは日本料理にもあるが、むらのソウルフードとしてのこうごりは、スジ肉を入れる。このスジ肉の入ったこうごりを、むらでは普段から盛んに食べていた。スジ肉を煮込んで醬油などで味付けたあと放っておくと、スジ肉のゼラチン質の作用で、自然にこごっている。

こうごりは、地方によって呼び名がまったく違う。「こんごり」「こごり」という地方もあれば「肉ようかん」や、なぜか「アメリカようかん」と呼ぶ地域もある。

保存が効くので、正月料理として重宝されていた。冬の方がよくこごるので、冷蔵庫

足すじを煮て作る「こうごり」

のない頃は、冬の料理だったという。冷蔵庫が普及してから、日常的にも食べられるようになった。

食堂Mのおばさんに話を聞いた。

「うちとこはすじといっしょにフク（肺）、ツラミ、ミノとかも入れたな。すじもアキレスのところを入れるんや。初めはアキレスのところを煮込んでから肉すじ（肉の付いたすじ肉）を入れて、それからホルモンを入れて煮るんや。こっちではホルモン入れへんかったけどな、おばちゃんは大阪で二〇年行商してたから、ホルモン入れるようになったんや」

近隣にあるむらからここに嫁いできた彼女は、つてを頼って大阪に出た。津守にあった屠場（現在は南港に移転）で内臓を仕入れ、朝鮮人の飯場まで売りにいくのだ。

「よう儲かったで。ホルモンは足がはやいから（傷むのがはやいので）、その日に仕入れた新鮮なものだけを持っていったんや。だから飯場でも人気高かったなあ」

「そう。よう儲かったけど、よう騙された」

おばさんはそうつぶやく。

もともと大阪へ行商に出たのも、それがきっかけだった。新婚当初からミシンかけの内職仕事をしていたのだが、「よそから来た人」に金を騙し取られた。その「よそから来た人」を追いかけて大阪に出た。浪速の部落には親戚がいたので、まずはそこへ転がり込んだ。そこでホルモンの行商を持ちかけられた。

「それが三五くらいのときや。それで津守にあった屠場を紹介してもろたんやけど、生まれて初めて屠場に行ったやろ。牛の顔はそこらへんに落ちてるし、目玉は転がってるし、びっくりしてもうてな。恐ろしゅうなって一度はやめてもうたんや。そしたらえろう怒られてな。『あんた、お金かせいで奈良に戻らなあかんねやろ、そんなことでどないするんや！』って。そこから頑張ったんや」

偏見をもたれないために付け加えておくと、この話は四〇年以上前のことである。現在の食肉処理場は衛生管理がしっかりなされてシステマティックな作業工程で運営されており、そのような光景はもはや遠い過去のことである。

「よかったのは、人がやさしかったからな。朝鮮のひともやさしかったなあ。それが救いやったわ」

初めは仕入れたホルモンを背負って飯場まで歩いていたが、しばらくして単車を買って売りに行くようになった。そしてあまったホルモンの料理方法として、こうごりを覚えた。

その後、奈良に戻り、一五年前から食堂をやっている。最近は、こうごりを作っても余るのでたまにしか作らない。むらの若者も、他にいろいろとおいしいものがあるので食べなくなっている。

「全部で四時間くらい煮ておいとくやろ。ほんで固まったら冷蔵庫に入れて冷やしてから食べるんや。家で作る人もおるけど、家でつくったら脂が浮いておいしくない。これはまめに脂とアクを取るのがコツや」

こうごりは、地方によって若干つくり方が違う。

たとえば大阪・更池のおばさんの話はこうだ。

「普通は足すじのところを煮てこごらすんやけど、正月にはテールと豆のこうごりも作ったな。いつも食べるのは足すじのこうごりやけどな。ようはちょっと食べにくいもんを、こうごりにして食べたんやろな。

いっぺん他の人にこの話したら、みんなびっくりしてな、それで一般の料理やないんやなて、そのとき初めて知った。そういう料理を正確には『煮こごり』て言うことも、そこで初めて知ったなぁ。

そういえばハモのこうごりもあったな。ハモ言うたって身のとこちゃうで。骨と頭だけ入ったやつ。ちょっとだけ皮も入ってたけどな。

あと足すじ以外には、ミノの皮とかな。ミノそのものは売り物になるやろ。だからそのミノをそうじしたときにでた薄皮をこうごりに入れたんや。昔のこうごりはほんまに捨てるとこだけを使って作ったから、そう旨いもんじゃなかったわな」

四角の容器に入れて余熱をとったら、冷蔵庫に入れてねかす。冷えて固まったら一口大に切り、皿に盛る。一味唐辛子をかけてもいいし、薄味に仕上げてあるので、しょうゆを付けて食べても良い。

また水平社博物館の職員の話では、昔はこの〝橋のない川〟でフナをとって、それと豆を煮込んでこうごりにしたという。「昔の話やけどな。今はもう川が汚れてるから無理ですわ」

こうごりについてだが、わたしにはどうも、むらの酒呑みオヤジのあて（つまみ）というイメージしかない。むらの男たちは酒のあてによくこうごりを好んだからだ。こごると薄味になるので、濃い味を好む子供には不評だ。こごったアキレスのゼラチン質が、若い世代には食べにくいという面もある。わたしも子供のころは嫌いだった。

ただし臭みもなく、淡白な味だ。脂をまめに取ってありコラーゲンがよく溶け出しているので、美容や関節にはとても良い。捨てるようなものを煮込んで作るため、今でもむらの中のスーパーなどでは安く買うことができる。

舌の記憶「あぶらかす」

いつからそれを食べていたのか、あまりに幼い頃からだから記憶にない。

覚えているのは、祖父が作ってくれる煮物に必ず入っていたことだろうか。彼の妻、つまりわたしの祖母は、京都・天橋立の近くのむらから更池まで嫁いできたのだが、二人目の子供を産むと間もなく亡くなった。その子供というのは、一人目はわたしの父であり、二人目はその妹であった。それ以後、祖父は子供たちの世話をしながら、独身で生きてきた。

独り身の祖父は栄養を考えて、野菜や肉をこまめに入れては煮込んで食べていた。わたしは彼の作るそうした昼食が好きだった。

また時に、彼はそこに腐りかけの肉片を入れることもあった。商品にならない傷んでしまった肉を、自分で煮込んで食べていたのだ。臭うのでよく煮込んだ。

いま思うと、それは差別と貧困の中で培った、祖父なりの腐肉の食べ方なのだった。牛肉は傷むと緑色様になって嫌な臭いがするのだが、どう工夫するのか、祖父の作り方ではそう臭いが気にならなかった。一般地区から嫁いできたわたしの母は、それを見て「気味が悪い」と嫌がった。

「昔は肉を蜜柑の皮と煮込んだ」と、むらの老人は話す。

「いっかいなあ、戦争中になあ、空襲で焼けただれた電線で牛が感電して、道端で死んでたんや。それを蜜柑の皮といっしょに水煮にして、行商に出て売ったら、儲かったなあ」

血抜きなど、きちんとした解体工程を経ていない肉は、血の臭みが全体にまわってしまう。その臭みを消すには、ちょっとした工夫があったのだ。わたしの祖父も、そんな〝隠し技〟をもっていたのかもしれない。ネパールのサルキも、同様の工夫をこらしている。

それでも多少は臭っていたのだろう。わたしは今でも、腐りかけた肉の嫌な臭いに出会うと、懐かしい感覚が蘇ることがある。

しかし、わたしの本当の目当ては、肉でも野菜でもなかった。わたしの目当ては、煮物にいつも入っている「あぶらかす」にあった。

あぶらかすといえば、こんなことがあった。

今から一〇年近く前のこと、ある関西ローカルのテレビ番組でのことだ。「夏バテ」というテーマでの放送だったのだが、最後に司会者が、ゲストのK氏に「ところでKさんの夏バテ解消法は何ですか」と質問した。すると彼はにこやかに「ぼくはやっぱり、あぶらかすに限りますね」と答えたのである。

そのとき、スタジオ内にいたタレントたちはみな、一様にきょとんとした顔をした。彼らがあぶらかすを知らないのは明白だった。

「なんですの、あぶらかすって」と司会のタレントが聞くと、「え、知らへんの」とK氏も困惑した顔をした。「ほら、うどんとかに入ってるやん」とK氏は何とか説明を試みるが、うまく理解してもらえない。白々しい雰囲気のまま、番組はCMに入ってしまった。「おかしいなあ」というK氏の声を残して。

しかしここ数年、南大阪一帯では、このあぶらかすを入れたうどんが大いに流行《はや》っている。国道や府道を走れば、「あぶらかす入りうどん」「かすうどん」などという看板を目にすることができる。だからK氏の面目も、今はたっていることと思う。あぶらかすは「精がつく」として、関西のスポーツ関係者の間では比較的よく知られている。

わたしはこれが大好物で、祖父が即席ラーメンなどに入れて煮込み始めると、自分の分もつくってくれとせがんだ。

母があぶらかすを使うときは、いつも菜っ葉と煮たものを出した。わたしがあぶらかすばかりを選って食べるので「菜っ葉も食べや」と口やかましく注意されたりした。この菜っ葉煮の味は、ニューヨークで食べたカラードグリーンとほぼ同じ味である。

あぶらかすは前述したように、西日本に散在する被差別部落、せいぜい五〇〇メートルから一キロ四方の中でしか食べられてこなかった食材である。道一本隔てた〝向こう〟の一般地区では、その存在すら知られていない。ところがそこから数キロ離れた「むら」では、あぶらかすを常食にしている。

それが今日、南大阪一帯で「かすうどん」として流行しているという現象は、むらへの偏見が減少している傾向を表しているのかもしれない。ただ独特のクセがあるために、食べ慣れない人の中には「あれだけは駄目だ」という人も少なくない。

あぶらかすとはそもそも、どういうものなのか。わたしも好物にしていたものの、製造しているところを見たことがなかったので、作っているところを訪ねてみた。

「あぶらかすて何や言われたら、そうやな、牛の腸を炒り揚げたものということになるわな。屠場から持ってきた新鮮な腸を、牛脂で丁寧にカリカリになるまで揚げる。単純いうたら単純やね」

更池にあるA商店は、小売の食肉店を開いているのだが、その裏の工場ではあぶらかすを作っている。

油に入れると泡で真っ白に

まずは処理場で洗浄され切り分けられた腸が、トラックに積まれ運ばれてくる。輪切りにされているが、揚げる前はグニャリとへたっているので、それとわからない。それをじっくりと牛脂で揚げていくのだ。

カリカリに揚げた「あぶらかす」

ここで働く、茶髪の若い娘が話をしてくれた。白衣を着て、長靴にゴムの前掛けをかけて工場を案内してもらう。といっても、いわゆる五右衛門風呂様の大鍋が二つほど置いてあるだけの小さな工場だ。

「この鍋に入れた牛脂を石油の火で温めたら、腸を入れていくねんな。この一度目のときは泡がようけ出るねん。それからしばらくおいて泡がなくなってから、もう一度鍋に火を入れて二度揚げに入る。そしたらまた泡が出るんやけど、それが沈んだら出来上がり。揚げるのは合計で一時間くらい。コツといえば、まあ揚げる時間がコツやね」

大鍋の上に棒が通され、二人の男が肩に掛ける。

持ち上げられた大鍋から、ざーっと音をたてて揚げたてのあぶらかすがザルに移される。その途端にむうっと立ち昇る湯気と脂の臭気。どちらかといえば原始的な、大鍋と高温の脂を大量に使用するその作業は大変に危険なものだ。これを一日に二度、繰り返す。使った古い脂はヘッドという固形脂に加工される。スーパーなどでステーキを買ったときに付いてくるあの脂である。

奈良の食堂Mでは、こうした本格的なあぶらかすがなかなか手に入らないため、腸をサラダ油で揚げて自家製あぶらかすを作って出していた。

ドーナツ型に揚がったあぶらかすはきつね色をしており、内側が分厚い脂で覆われている。通常、料理に使うときはその内側の脂を取り除いてぶつ切りにして調理する。取り除いた脂はそのままヘッドになるので、煮物の風味付けに入れてもいいし、フライパンにひく脂として使うこともできるが、捨ててしまう家もある。わたしの家では捨てていた。

しかし、その話をすると彼女はびっくりした顔で、

「えっ、そんなもったいない。うっとこ（うちの家）は脂つけたまま料理に使うで」

つまり、分厚い脂身も切り取らずそのまま食べてしまうという。後でわたしも自宅で

脂をつけたまま料理してみたが、汁に脂がこってりと浮いて、脂の旨みが楽しめた。しかし後でひどい胸焼けを覚えた。

脂身付きの「あぶらかす」と「さいぼし」

湯通ししてクセを抜いてから料理に使う人もいるが、これはあぶらかすの風味を消してしまう。しかし食べ慣れていない人は、この方法が無難だろう。

料理方法としては、菜っ葉と煮たり、うどんなどに入れるのが最も一般的だが、お好み焼きなどの焼き物に入れたりもする。また自宅で揚げなおしたり、フライパンで煎ってパリパリにし、そのまま塩をつけて食べる〝通〟もいる。このようにそのまま食べる場合は、「ひも」と呼ばれる細いあぶらかすが好まれる。冒頭で述べた、高校の教室に同級生が持ってきていたのは、この「ひも」の方だ。

あぶらかすも元はといえば、食べにくい内臓を食べやすすく、しかも保存が効くよう炒り揚げたものだ。これはアメリカの黒人奴隷が、鶏の手足や首を食べやすくするためディープ・フライにしたのと同じ〝思想〟である。

このような小さな〝あぶらかす工場〟は、更池の中にいくつかある。わたしがいつも寄るむらの食堂では、このA商店のものではなく、他の工場のあぶらかすを仕入れていた。食堂のオヤジさんが話す。

「そこのあぶらかすはな、一番ええ牛ので作ってるからおいしいねん。せやけど腹たつで。最近あぶらかすうどんがブームやさかいに、この前その店いったら値上げしやがるねん。もう一〇年以上取り引きしてるのにこれや。やらしいやろ。それにブームでできた店が数キロ単位で買うていきよるから、はよ行かなのうなってんねん」

ちょっとした〝あぶらかす争奪戦〟だ。シンプルな製法だけに、素材がものをいう。

わたしはオヤジさんの話に笑いながら、ビールとあぶらかす入りの焼き飯を注文して食べていた。となりにいた婆さんが「あれ、何とかならんかいな」と、誰とはなしに話しかけてくる。

「うっとこの表がその作ってる家やから、あぶらかすくそうて堪らんわ。あそこ、今でも溝にあぶら（牛脂）流しよるねん。ほしたら溝からくっさい湯気たつねん」

わたしは締めに、あぶらかす入りのにゅうめんを注文した。あぶらかす料理の中でも、うどんやにゅうめんに入れて煮たものがもっとも食べやすい。ただ、初めての人には大変にクセとカロリーのある食べ物である。

わたしがあぶらかすでもっとも旨いと思うのは、母のつくった菜っ葉と煮たものである。それはアメリカ黒人の言う「我が家のソウルフードが一番おいしい」という言葉と、同じ意味をもっている。

こうして「被差別の食卓」の旅を終えてみると、わたしにとってのソウルフードはまさに「あぶらかすの菜っ葉煮」になるのだな、と思う。ソウルフード的にいえば「あぶらかす入りカラードグリーン」となるだろうか。

料理は、味が決め手である。しかし同時にその国、民族、地方、個人を表す文化でもある。だから他人にはどうということのない味でも、その人にとっては懐かしい味であったりする。わたしにとって、それはあぶらかすと菜っ葉を煮たものであり、それはわたしの母への思い出につながり、そして被差別の民へとつながっていく。料理が一つの歴史であるとするなら、「被差別の食卓」は、被差別の民の歴史そのものでもある。

わたしのソウルフードである「あぶらかすと菜っ葉煮」。それは当たり前の家庭料理なので、むらの食堂にもない。母が亡くなったいま、わたしはそれがもっとも好きなのに、もうずっと食べることができないでいる。

あとがき

もの書きとして初めての取材は、被差別部落の食べ物についてだった。それ以来、他の仕事も併行してのことだが、「被差別の食卓」を巡るこの旅のために、二十代の大半を費やすことになってしまった。

被差別部落を書きたいと思ったもともとの動機は、それが独りでできる解放運動だと思ったからだった。現在はさらに広義なヒューマンインタレストから社会を見ているのだが、被差別部落を見るときや書くときは今でも、そんなことがなんとなく念頭にある。

閉鎖的でネガティブなイメージをもたれることの多い被差別部落の問題を、自由で世界的な視点から描けば、広がりを得て面白い読み物となり、多くの人たちに知ってもらえるのではないか。本書にはそんな思いもあった。

そして幸いにもわたしは、この『被差別の食卓』と共に成長する幸運を得た。その間にはわたしが駆け出しだったために、多くの失敗と挫折を味わうことも少なくなかった。しかし、それを乗り越えてこうして一冊の本にまとめることができたのは、多くの方々からの支援と励まし、そして協力があったからである。

ブルガリアの取材では関口義人氏に、ネパールでは旧友でもある八木澤高明くんに、たいへんお世話になりました。資料面では本多和明氏に多くの示唆をいただいた。また、写真家の今枝弘一氏には、取材全般について多くのアドバイスをいただいた。

雑誌掲載時には、ミリオン出版の久田将義編集長にたいへんお世話になりました。新潮新書編集長三重博一氏には、いつ終わるともしれないこのテーマに数年にわたって辛抱強く付き合っていただいた。担当の今泉眞一氏にも感謝したい。またここに書ききれない多くの方々、研究者の方々にも感謝したい。

そして、わたしのソウルフード・被差別の食卓を担ってくれたいまは亡き母に感謝し、本書を捧げたい。

引用・参考文献

『アメリカ南部』ジェームス・M・バーダマン　訳・森本豊富　講談社現代新書
『アメリカ病』矢部武　新潮新書
『ブラック・ムービー』井上一馬　講談社現代新書
『アメリカ黒人の歴史　新版』本田創造　岩波新書
『私は黒人奴隷だった』本田創造　岩波ジュニア新書
『アメリカ合州国』本多勝一　朝日新聞社
『アメリカは変ったか?』本多勝一　「週刊金曜日」別冊ブックレット
『立ったまま埋めてくれ』イザベル・フォンセーカ　訳・くぼたのぞみ　青土社
『旅するジプシーの人類学』ジュディス・オークリー　訳・木内信敬　晶文社
『ロマ・素描（スケッチ）』関口義人　東京書籍
『ジプシー　民族の歴史と文化』アンガス・フレーザー　訳・水谷驍　平凡社
『ジプシーの来た道』市川捷護　白水社
『ロマ・旅する民族』相沢好則　八朔社
『ジプシーの歴史』デーヴィッド・クローウェ　訳・水谷驍　共同通信社

『ジプシーの謎』アンリエット・アセオ　監修・芝健介　訳・遠藤ゆかり　創元社
『ネパール』石井溥　河出書房新社
『ヒンドゥー教　インドの聖と俗』森本達雄　中公新書
『ネパール紀行』三瓶清朝　明石書店
『ネパールに生きる』八木澤高明　新泉社
『アジアの聖と賤』野間宏　沖浦和光　人文書院
『不可触民とカースト制度の歴史』小谷汪之　明石書店
『被差別部落　更池の歴史』部落解放同盟大阪府連合会松原支部　解放出版社
『ある被差別部落の歴史』盛田嘉徳　岡本良一　森杉夫　岩波新書
『食肉の部落史』のびしょうじ　明石書店
『肉食タブーの世界史』フレデリック・J・シムーンズ　監訳・山内昶　訳・香ノ木隆臣　山内彰　西川隆　法政大学出版局

上原善広　1973（昭和48）年大阪府生まれ。ノンフィクションライター。被差別部落から日本の殺人現場まで、あるいはＮＹハーレムの路地からイラクの戦場まで、独自のルポを執筆している。

Ⓢ新潮新書

123

被差別《ひさべつ》の食卓《しょくたく》

著者　上原善広《うえはらよしひろ》

2005年6月20日　発行
2021年5月10日　13刷

発行者　佐藤隆信
発行所　株式会社新潮社
〒162-8711　東京都新宿区矢来町71番地
編集部(03)3266-5430　読者係(03)3266-5111
http://www.shinchosha.co.jp

地図図版製作　綜合精図研究所
印刷所　錦明印刷株式会社
製本所　錦明印刷株式会社

ISBN978-4-10-610123-6　C0225

価格はカバーに表示してあります。

824
ジャニーズは努力が9割
霜田明寛

ＳＭＡＰ、ＴＯＫＩＯ、Ｖ6、嵐、ＫｉｎＫｉ Ｋｉｄｓ、滝沢……努力で厳しい競争を勝ち抜いた16人の〝仕事哲学〟。そして、彼らを見抜き導いたジャニー喜多川の「育てる力」とは？

835
老人の美学
筒井康隆

人生百年時代にあっても、「老い」は誰にとっても最初にして最後の道行きだ。自分の居場所を見定めながら、社会の中でどう自らを律するか。リアルな知恵にあふれた最強の老年論！

846
「反権力」は正義ですか
ラジオニュースの現場から
飯田浩司

「権力と闘う」己の姿勢に酔いしれ、経済や安全保障を印象と感情で語る。その結論ありきの報道は見限られてきていないか。人気ラジオパーソナリティによる熱く刺激的なニュース論。

847
マトリ
厚労省麻薬取締官
瀬戸晴海

「俺たちは、猟犬だ！」密輸組織との熾烈な攻防、「運び屋」にされた女性の裏事情、薬物依存の家族の救済、ネット密売人の猛追……元麻薬取締部部長が初めて明かす薬物犯罪と捜査の実態。

227
いつまでもデブと思うなよ
岡田斗司夫

ダイエットは知的行為であり、最高の自己投資である。重力から解放された後には経済的、社会的成功が待っているのだ。究極の技術と思考法が詰まった驚異の一冊！

新潮新書

266 言語世界地図 町田 健

国境より複雑な言語の境界線——世界に存在する言語の中から主要な四十六言語を取り上げ、成り立ち、使われている地域、話者数、独自の民族文化などを徹底ガイドする。

857 昭和史の本質 良心と偽善のあいだ 保阪正康

ファシズム、敗戦、戦後民主主義……昭和はいったい何を間違えたのか。近現代の名文を手掛かりに多彩な史実をひもとき、過去から未来へと連鎖する歴史の本質を探りだす。

854 トラックドライバーにも言わせて 橋本愛喜

幅寄せ、路駐、急ブレーキ……公道上でとかく悪者にされるトラックとドライバー。でも彼らには〝深い事情〟があるのをご存知? 元ドライバーの著者が徹底解説。

333 日本語教のすすめ 鈴木孝夫

日本人なら自覚せよ、我が母語は世界六千種ある中でも冠たる大言語! 言語社会学の巨匠が半世紀にわたる研究の成果を惜しげもなく披露。知られざるもっと深い日本語の世界へ——

119 徳川将軍家十五代のカルテ 篠田達明

健康オタクが過ぎた家康、時代劇とは別人像「気うつ」の家光、内分泌異常で低身長症の綱吉……最新医学で歴代将軍を診断してみると、史実には顕れぬ素顔が見えてくる!